하나님의 경고

찰스 스펄전

하나님의 경고
Words of Warning

발행일	2022년 3월 30일 초판

지은이	찰스 스펄전 (Charles H. Spurgeon)
옮긴이	정시용

발행인	정시용
발행처	프리스브러리
전자우편	info@prisbrary.com
홈페이지	www.prisbrary.com
후원계좌	씨티은행 533-50447-264-01

Copyright ⓒ 프리스브러리, 2022, Printed in Korea.
ISBN 978-89-6774-045-0 (03230)

이 책의 성경 구절은 보다 정확한 내용 전달을 위해 원문에 사용된 성경 구절을 직접 번역하여 실었습니다.

차례

제1장_거대한 감옥과 같은 세상 ·· 5
제2장_유일한 구원 ·· 26
제3장_경고를 받아들이지 않는 자 ·· 37
제4장_구원의 믿음을 갖는 법 ··· 58
제5장_목표를 향해 달리기 ··· 68
제6장_악인의 길 ·· 84
제7장_그리스도께 나아가기 ·· 98
제8장_복음의 잔치 ·· 112
제9장_명백한 죄인들에게 주는 경고 ······································ 136
제10장_사람의 아들로서 그리스도 ·· 152

제11장_위대한 치료 ·· 163

제12장_화목의 입맞춤 ·· 172

제13장_죽은 자가 살아 돌아와도 ······························ 182

제14장_자아의 성 ··· 195

제15장_두 가지 선택지에서 주저함 ·························· 202

거대한 감옥과 같은 세상

언젠가 영국의 도버Dover란 마을에서 설교할 기회가 있었는데, 그때 그곳의 시장이 낡은 시청 건물을 예배 장소로 사용하도록 허가해 주었습니다. 시청 건물을 둘러보는데 건물 아래쪽 부분에 있는 수많은 철창이 눈에 들어왔습니다. 그것은 죄수들이 갇힌 감옥의 창문이었습니다. 우리가 위층에서 자유의 복음을 듣고 있을 때 지하에는 법을 어긴 죄수들이 있다는 사실이 매우 충격적이었습니다.

아마도 죄수들은 우리가 하나님께 찬양하는 소리를 들었을 것입니다. 하지만 위에서 들리는 자유의 말씀과 노래가 그들에게 자유를 주거나 속박을 풀어주지는 않았습니다. 이것은 많은 사람이 처한 현실을 정확하게 묘사하고 있습니다. 우리는 포로가 된 자들에게 오랫동안 자유를 선포했지만 얼마나 많은 사람이 아직도 죄와 사탄의 속박에서 벗어나지 않고 노예로 남아 있습니까? 우리는 하늘에 계신 아버지께 기쁨의 찬송을 올려드리지만, 그들은 감사할 줄 모르는 마음을 지녔기에 우리의 찬양 소리를 듣고도 기뻐하지 못합니다. 그들 중 일부는 용서받지 못한 죄로 인해 신음하고, 어떤 이들은 결코 위로를 발견할 수 없는 곳에서 위로를 찾다가 절망에 사로잡혀 슬피 웁니다.

이 작은 사건이 저의 마음속 깊이 새겨져 개인 묵상을 하는 시간에도 머리에서 떠나지 않았습니다. 저는 천상의 교도소장에게 이끌려 이 세상이라는 거대한 감옥을 탐방하는 묵상에 잠겼습니다. 그는 저에게 죄수들이 갇힌 여러 감방을 들여다보게 했습니다. 제가 슬픈 기색을 보이자 그는 하나님께서 그 죄수들을 자유롭게 해주신다는 사실을 되새기게 했습니다.

> 그는 압제당하는 자를 위해 정의를 행하시며, 주린 자에게 양식을 주신다. 여호와는 갇힌 자를 풀어주신다. (시 146:7)

첫 번째 구역은 일반실, 곧 죄의 감방이었습니다. 모든 사람이 그곳에 수감되어 있습니다. 비록 지금은 완전한 자유를 누리며 사는 사람일지라도 한때는 무거운 사슬에 묶여 그곳의 어두운 감방 안에 갇혀 있었습니다. 그런데 제가 그곳에 들어가 보니 슬픔과 애통의 울음소리가 들리는 것이 아니라 오히려 큰 웃음소리가 들렸습니다. 활기가 넘치고 소란스러운 분위기였습니다. 어떤 사람은 저주와 신성모독을 입에 달고 살았습니다. 다른 사람들은 마치 엄청난 보물을 찾은 것처럼 환호를 질렀습니다.

그곳에 갇힌 범죄자들의 얼굴을 들여다보니 행복이 가득했습니다. 그들의 태도는 죄수가 아니라 마치 결혼식에 초대된 손님과 같았습니다. 그곳에 갇힌 죄수들은 자신이 자유롭다고 으스댔습니다. 그들에게 〈이곳은 감옥이며 어서 빨리 도망쳐야 한다〉라고 재촉했지만 그들은 저의 조언에 도리어 화를 내며 〈우리는 자유인으로 태어났으며 누구에게도 속박된 적이 없다〉라고 말했습니다.

> 그들이 예수께 대답하여 이르길 〈우리는 아브라함의 자손이며 누구에게도 종이 된 적이 없는데 어째서 당신은 '너희가 자유롭게 될 것이다'라고 말합니까?〉라고 하였다. (요 8:33)

그곳의 죄수들은 저에게 자신들이 속박되어 있다는 사실을 증명해보라고 했습니다. 제가 그들의 손목에 채워진 쇠사슬을 가리키자 그들은 저를 비웃으며 그 사슬은 그들이 움직일 때마다 아름다운 소리를 내는 장식품이라고 했습니다. 철컹거리는 사슬과 수갑의 소리가 거슬리는 것은 그저 저의 마음이 둔하고 침체된 탓이라고 그들은 말합니다. 그곳은 더럽고 악한 죄에 단단히 사로잡힌 사람들로 가득했으며 그들은 자신을 자유인이라 부릅니다. 어떤 이들은 쇠사슬이 영혼까지 파고들어 그들의 생각마저 단단히 사로잡혔습니다. 그들은 오만한 표정을 지으며 자신을 자유 사상가라고 부릅니다.

저는 그렇게 단단히 매여 있는 죄수들을 이전에는 본 적이 없었습니다. 그 감옥을 둘러보면서 발견한 사실은 사슬과 수갑으로 단단히 묶여 있는 그들이 자신을 가장 자유로운 자로 여기며, 가장 어두운 지하 감옥에 있으면서도 가장 밝은 빛 가운데 있다고 여긴다는 것입니다. 제가 보기에는 가장 불쌍하고 처량한 자들이 가장 환하게 웃고 미친듯이 떠들며 즐겁게 지내고 있었습니다.

저는 슬픈 눈으로 그들을 바라봤습니다. 그런데 그때 빛나는 영이 한 죄수의 어깨를 만지는 것을 봤습니다. 그러자 〈여호와는 갇힌 자를 풀어주신다〉라는 말씀처럼 그 죄수는 속박에서 벗어났고 빛나는 영을 따라 감옥에서 빠져나갔습니다. 하지만 그가 떠나갈 때 그의 동료들은 손가락질하며 그를 위선자, 가식적인 자 등 온갖 모욕적인 말로 조롱하였습니다. 감옥 안에는 그들의 욕설이 울려 퍼졌습니다. 그를 속박에서 벗어나게 해준 신비한 방문자는 한 사람씩 차례로 어루만지더니 이윽고 모습을 감추었습니다.

다른 죄수들은 그들이 미쳐서 끔찍한 광신도가 되었다고 여겼습니다. 하지만 저는 그들이 모든 속박에서 벗어나 영원히 자유롭게 된 것을 알았습니다. 그런데 저를 가장 놀라게 한 점은 구속의 사랑으로 어루만져진 죄수들은 대부분 그곳에 있는 모든 사람 중에서 가장 질이 나쁜 죄수였다는 사실입니다. 그들 중 한 명은 신성모독을 입에 달고 살았는데, 하나님의 손길이 그에게 닿자 그는 눈물을 흘리며 감옥 문을 나섰습니다. 또, 어떤 한 명은 구원받는 동료들을 보고 가장 큰 소리로 조롱하던 사람이었는데, 하나님의 손길이 그에게 닿자 그는 마치 양처럼 잠잠하게 감옥 문을 나섰습니다. 오히려 그들 중에서 가장 덜 타락한 것처럼 보이는 사람은 감옥 안에 그대로 머물러 있었으며 그들보다 훨씬 악한 죄수들이 먼저 감옥을 벗어났습니다.

그 광경을 보고 저는 이 말씀이 떠올랐습니다.

세리와 창기들이 너희보다 먼저 하나님 나라에 들어간다. (마 21:31)

그들을 하염없이 지켜보고 있는데, 예전에 죄수였지만 감옥을 벗어났던 사람 몇 명이 다시 감옥으로 돌아오는 모습을 보았습니다. 그들은 예전에 입었던 옷이 아니라 새하얀 옷을 입고 있었고 완전히 새로운 피조물처럼 보였습니다. 그들은 예전에 동료였던 죄수들에게 말을 걸었습니다. 그런데 그들의 목소리는 너무도 감미로웠습니다! 그들은 옛 동료들에게 자유가 주어졌으며 감옥 문이 열렸고 자유롭게 나갈 수 있다고 전해주었습니다. 그들은 죄수들에게 제발 밖으로 나가자고 간청했으며 심지어 눈물을 흘리기까지 했습니다. 처음에는 앉아서 이야기하다가 나중에는 부둥켜안고 울면서 마치 자기 목숨이 걸린 것처럼 탈출하자고 간곡히 권했습니다.

저는 그들의 말을 들은 모든 죄수가 일어나 〈우리에게 자유를 달라〉고 외칠 줄 알았습니다. 하지만 그렇지 않았습니다. 그들이 간곡히 애원하면 애원할수록 죄수들의 마음은 더욱 단단하게 굳어졌습니다. 이런 일은 제가 하나님의 대사로서 죄의 노예 된 자들에게 복음을 전할 때도 겪었던 것입니다.

저는 안내원에게 일반실에서 풀려난 죄수는 어디로 가는지 물었습니다. 그들은 완전히 자유롭게 되지만 풀려나기 전에 거쳐야 할 장소가 있다고 말했습니다. 그는 그 장소로 저를 데려갔습니다. 그곳은 〈독방〉이었습니다. 저는 독방에 관해 많은 이야기를 들었는데 매우 끔찍한 곳인 것 같았습니다. 독방의 문 앞에는 〈참회〉라는 글자가 적혀 있었습니다.

문을 열자 하얗고 깨끗하고 빛으로 가득한 방이 눈에 들어왔습니다. 마치 감방이 아니라 기도하는 집 같았습니다. 안내원이 그곳은 실제로 본래 기도를 하기 위한 용도로 만들어진 방이지만 죄수들이 불신의 철문을 굳게 걸어 잠근 탓에 결국 감방처럼 된 것이라고 했습니다. 일단 철문이 열리자 그곳은 마치 작은 예배당처럼 귀한 장소가 되었습니다. 그래서 한때 죄수였지만 이미 풀려난 사람도 때로 그곳으로 돌아오려 했습니다. 그들은 그곳을 감방이 아니라 기도하기 위한 방으로써 사용하며 남은 평생을 보내고 싶다고 간청했습니다. 심지어 어떤 죽어가는 사람은 천국에 유일하게 아쉬운 점이 있다면 슬픔과 회한으로 애통하기 위한 독방이 없다는 것이라고 말했습니다. 바로

이 참회의 독방에서 다윗은 아름다운 시편 7편을 기록했고, 베드로는 슬피 울었으며, 죄인이었던 여인은 주님의 발을 씻겼습니다.

하지만 지금의 저에게는 그곳 역시 감방에 불과하며 그 안에 있는 사람도 갇혀 있는 죄수에 불과한 것처럼 여겨졌습니다. 그곳에 갇힌 죄수는 모두 홀로 지내야만 했습니다. 그는 단지 기독교 국가에서 태어났다는 이유로 사람들과 어울리며 자신도 그리스도인일 것이라고 믿으면서 위안을 얻어왔습니다. 하지만 진정으로 구원을 얻기 위해서는 홀로 구원의 길을 걷지 않으면 안 됩니다. 기존에 그는 다른 사람과 함께 하나님의 전에 나아가는 것만으로 충분하다고 생각해왔습니다. 하지만 이제는 모든 설교가 자신을 표적으로 한 것 같으며 모든 책망이 자신의 양심을 찌르게 되었습니다. 스가랴 선지자의 글 중에 이런 내용이 있습니다.

> 내가 다윗의 집과 예루살렘의 주민들에게 은혜와 기도의 영을 부어줄 것이니, 그들이 직접 찔렀던 나를 바라보게 될 것이며, 자기 외아들을 잃은 것처럼 나를 위해 애곡할 것이고, 자기 맏아들을 잃은 것처럼 나를 위해 괴로워할 것이다. 그 날에 예루

살렘에 므깃도 골짜기의 하다드림몬에서 있었던 것과 같은 큰 통곡이 있을 것이다. 그리고 온 땅이 애곡할 것인데, 족속마다 따로, 다윗 집안의 족속이 따로, 그들의 아내들이 따로, 나단 집안의 족속이 따로, 그들의 아내들이 따로 애곡할 것이다. (슥 12:10~12)

독방에 홀로 남아 회개하고 있는 자들을 지켜보니 그들은 자주 한숨과 신음을 내며 때때로 참회하는 말 속에 다소 불신의 말이 섞여 있을 때도 있었습니다. 사실 그런 불신만 없었더라면 그 감방의 무거운 문은 이미 오래전에 열렸을 것입니다. 그 수감자들을 그곳에 갇혀있게 한 것은 그들의 불신이었습니다. 그것만 없었다면 그들의 침울한 애도와 한탄 소리는 천상의 기도 소리로 바뀌었을 것입니다.

그는 자신의 과거를 돌아보며 슬피 울면서 자신은 속박에서 결코 벗어날 수 없을 것이라고 미래를 예언하며 신음합니다. 죄가 그를 완전히 망가뜨렸고 그의 영혼을 영원히 파괴했기 때문입니다. 하지만 그가 느끼는 두려움은 어리석은 것입니다. 왜냐하면 그 감방은 하얗고 깨끗하며 문의 걸쇠는 안쪽에 달려있어서 그가 용기를 내어 걸쇠를 풀기만 한다면 문밖에 서서 기다리고 계시는 주님이 즉시 그 문을 열어주실 것이기 때문입니다. 심지어 문의 걸쇠에는 〈믿음〉이란 비밀 장치가 달려 있어 우리가 떨리는 손가락으로 그것을 건드리기만 해도 문은 활짝 열리게 되어 있습니다.

문의 위쪽과 양옆에는 핏자국이 묻어 있었습니다. 누구든지 그 피를 보고 걸쇠를 풀거나 비밀 장치를 건드리기만 하면 불신의 문은 활짝 열릴 것입니다. 그러면 그는 혼자만의 회한에서 벗어나 그의 죄를 씻기고 그의 모든 불의를 영원히 깨끗하게 하신 주님 안에서 기뻐할 것입니다.

저는 그곳에서 비통해하는 죄수에게 그 보혈을 믿으라고 권면했습니다. 혹시라도 주님께서 제 말을 통해 후에 그를 자유롭게 해주실지도 모릅니다. 비록 저의 말만으로는 마음속에 불신을 품은 채 회개하는 사람을 자유롭게 할 수 없지만 주님은 그렇게 하실 수 있습니다. 그리고 오직 주님만이 그 죄수를 자유롭게 해주실 수 있습니다.

저는 〈참회〉의 감방을 지나 다른 곳 앞에서 멈추어 섰습니다. 그곳 역시 거대하고 무거운 불신의 철문으로 막혀 있었습니다. 저는 간수가 오는 소리를 들었습니다. 그가 제게 보여주려고 그 문을 열자 경첩에서 끔찍한 소리가 나면서 침묵이 깨어졌습니다. 이번에 제가 방문한 곳은 바로 〈침묵〉의 감방이었습니다. 이곳에 갇힌 죄수는 스스로 기도할 수 없다고 말하는 사람이었습니다. 만일 그가 기도할 수만 있었다면 그는 벌써 자유롭게 되었을 것입니다. 그는 기도할 수가 없어서 신음하고 울부짖고 한숨 쉬고 슬피 울고 있었습니다. 그는 고뇌에 찬 눈으로 이렇게 말할 뿐이었습니다.

> 저도 기도하고 싶지만 할 수가 없습니다. 하나님께 간구하고 싶지만 죄책감 때문에 입을 열 수가 없습니다.

그는 더 이상 말을 하지 않고 물러나 온종일 아무 소리도 내지 않고 지냈습니다. 이곳에서는 흐느끼는 소리 말고는 아무것도 들리지 않았습니다. 그저 그의 눈물이 차가운 돌에 떨어지는 소리와 한숨과 신음 속에 자비를 구하는 음침한 울부짖음만 들릴 뿐이었습니다. 감방 안에는 작은 탁자가 있었는데 그 위에는 언약의 열쇠가 놓여 있었습니다. 그 열쇠에는 다음과 같은 말씀이 새겨져 있었습니다.

> 여호와께서 그분의 높은 성소에서 내려다보시며 하늘에서 땅을 살펴보시니, 이는 갇힌 자의 신음을 듣고 죽게 된 자를 놓아

주시기 위함이라. (시 102:19~20)

설령 이 사람이 말 못 하는 벙어리라 할지라도 하나님은 그의 신음을 들으실 수 있습니다. 그가 간구하지 못하더라도 하나님은 그의 한숨 소리를 들으시고 하늘에서 항상 그를 지켜보십니다. 그래서 그의 상한 심령에서 새어 나오는 아주 작은 기도도 놓치지 않고 응답하셔서 그를 자유롭게 하십니다. 아무리 기도와 간구를 할 수 없을 것 같더라도 우리의 영혼은 결국 기도하며 승리할 것입니다. 비록 그곳에 갇힌 죄수는 한 마디도 하지 않았지만 저는 그에게 잠시만이라도 이야기를 건네려고 노력했습니다. 저는 예수님께서 벙어리를 고쳐서 말할 수 있게 하신 성경의 일화를 이야기하며 그리스도께서 그 역시 입을 열도록 만들어주실 수 있다고 말했습니다.

저는 그에게 기도할 수 있든 없든 우리는 문설주에 묻은 피를 바라보아야 한다고 말했습니다. 세리는 멀리 서서 감히 하늘을 향해 눈을 들지도 못하고 〈하나님, 죄인인 저를 받아주소서〉(눅 18:13)라고 부르짖었지만 그 역시 그 피로 인해 의롭다고 인정받았습니다. 저는 그에게 주님께서 직접 주신 증거를 믿으라고 간청했습니다. 주 예수님은 〈자신을 통해 하나님께 나아오는 자들을 온전히 구원하실 수 있습니다.〉(히 7:25) 또, 주님은 〈은혜로우시며 기꺼이 용서하시는 분입니다.〉(느 9:17) 저는 모든 방법을 동원해 보았지만 결국 이 죄수들을 자유롭게 하실 수 있는 분은 주님밖에 없다는 것을 깨달았습니다. 오 자비로우신 하나님, 그들을 속히 해방해 주소서!

우리는 서둘러 다음 문으로 이동했습니다. 제가 들어가자 열려 있던 문이 닫혔습니다. 그곳은 흑암의 재앙이 내린 이집트 같았습니다!(출 10:21~23) 이곳은 〈무지〉의 감방이라 불리는 캄캄한 곳이었습니다. 저는 눈먼 사람처럼 더듬거리며 벽을 찾았습니다. 흐느낌과 신음을 따라가니 한 남자가 괴로워하며 무릎을 꿇고 열심히 기도하고 있었습니다. 저는 그에게 어째서 이 감방은 이처럼 어두컴컴한지 물었습니다. 저는 불신으로 만들어진 문이 모든 빛을 차단한다는 것을 알았지만, 이곳은 유난히 다른 곳보다 더욱 어두웠습니다. 그때 〈고통과 쇠사슬에 매여 어둠과 사망의 그늘에 앉아 있는 사람들〉(시 107:10)에 관한 말씀이 떠올랐습니다.

저는 그에게 이 방에 창문이 있는지 물었습니다. 그는 예전에는 창문이 많이 있었지만 수년 전에 모두 봉인되어 지금은 어떻게 여기는지 모른다고 답했습니다. 그는 그 창문을 통해서는 빛이 들어올 수 없다고 완전히 확신했습니다. 저는 옛 창문 중에 하나를 살펴보았는데, 그곳에서는 빛이 들어오는 것이 아니라 오히려 어둠이 내뿜어져 나오는 것 같았습니다. 손으로 만져보니 그 창문은 한때 저에게 빛을 비춰주어 기쁨을 누리게 했던 창문들과 같은 것이었습니다.

그는 그것이 〈하나님의 선택〉이라 불리는 은혜의 교리이며 자신은 그것으로 인해 매우 당혹스러웠다고 말했습니다. 그에게 비친 그 작은 빛은 그를 더욱 깊이 탐구하도록 이끌었습니다. 어둠으로 뒤덮인 또 다른 창문은 〈인간의 전적인 타락〉이라 불리는 것이었습니다. 그는 〈아, 저는 전적으로 타락했기 때문에 아무런 소망도 없습니다. 저의 본성은 추악하고 혐오스럽습니다. 저는 더 이상 아무것도 바랄 수가 없습니다〉라고 말했습니다. 저는 창문을 덮고 있던 천을 걷어내고 그에게 말했습니다.

당신이 그토록 좌절에 빠진 것이 당신을 치유하는 준비 단계인 것을 알지 못합니까? 그리스도께서 당신을 구원하러 오신 이유는 바로 당신이 잃은 자이기 때문입니다. 의사는 병든 자를 위해, 옷은 헐벗은 자를 위해, 씻김은 더러운 자를 위해, 용서는 죄 있는 자를 위해 필요한 것입니다.

그는 입을 열지 않고 또 다른 창문을 가리켰습니다. 그 창문은 제가 예전에 오랜 시간 내다보면서 주님의 영광을 바라보았던 것이었습니다. 그것은 〈제한된 속죄〉라 불리는 창문이었습니다.

그는 〈아, 그리스도께서 그분의 보혈로 저를 속죄하시지 않았다면 어떻게 합니까! 그분의 죽음으로 저를 구속하시지 않았다면 어떻게 합니까!〉라고 탄식했습니다. 창문에는 조잡하게 쌓은 오래된 벽돌이 빛을 가로막고 있었는데 저는 그것을 치우고 그에게 말했습니다.

> 그리스도께서 드린 속죄물은 모조품이 아니라 우리를 진정으로 구속할 수 있는 것입니다. 왜냐하면 〈하나님의 아들 예수 그리스도의 피는 우리를 모든 죄에서 깨끗하게 하시기 때문입니다.〉 (요일 1:7)

저는 계속해서 다음 감방으로 이동했습니다. 5번 방이라 적힌 그곳은 매우 넓었으며 많은 사람이 있었는데 그들은 앞뒤로 왔다갔다 하려고 애를 쓰고 있었습니다. 그곳에 있는 모든 사람의 발목에는 거대한 쇠공이 사슬로 묶여 있었습니다. 그들은 그것이 도덕적 의무에서 도망친 탈영병에게 주어지는 군사 형벌이라고 말했습니다. 이 쇠공은 죄수들을 매우 괴롭게 했습니다. 어떤 사람은 녹슨 못으로 사슬을 끊으려고 애썼습니다. 또, 어떤 사람은 후회의 눈물로 사슬을 녹여보려고 했습니다. 하지만 그러한 시도는 조금도 효과가 없었습니다. 교도소장은 그것이 습관의 사슬이며 그 뒤에 딸린 쇠공은 죄와 욕망을 추구하는 옛 본성이라고 하였습니다.

저는 그에게 어째서 그들은 사슬을 벗지 못했는지 물었습니다. 그가 말하기를 그들은 오래전부터 사슬을 벗으려고 애썼지만 그들이 사용한 방법으로는 결코 그것을 제거할 수 없었다고 합니다. 왜냐하면 습관의 사슬을 제거하기 위해서는 무엇보다도 이 감옥을 빠져나가야 하기 때문입니다. 그러려면 불신의 문이 열려야 하며 위대한 구속자이신 주 예수님께서 그분의 못 자국 난 손으로 모든 감옥의 문을 열어주실 수 있다는 것을 신뢰해야 합니다. 그런 다음에야 그들을 묶고 있는 사슬이 은혜의 모루 위에 올려져 사랑의 망치로 깨어질 수 있습니다.

저는 술주정뱅이가 감옥에서 나와 자기를 용서한 주님의 은혜를 기뻐하는 광경을 본 적이 있습니다. 그전에도 그는 서너 번 술을 끊기로 맹세했지만 결국에는 그것을 깨고 자신의 옛 습관으로 돌아갔습니다. 그런 그가 그리스도의 보혈을 믿고 그리스도인이 되었습니다. 그리스도인이 되고 나자 그는 더 이상 술을 좋아하지 않게 되었습니다. 단 한 번의 망치질로 그를 묶고 있던 쇠공은 영원히 끊어졌습니다. 또, 습관처럼 하나님의 이름을 망령되게 부르며 욕설을 입에 달고 살았던 사람도 있었습니다. 그는 지극히 높으신 분을 신성모독 하는 일은 잘못된 것임을 알았습니다. 하지만 그가 마음을 그리스도께 온전히 드리기 전까지 그는 그 일을 멈추지 않았습니다. 하지만 그리스도께 마음을 드리고 난 이후에 그는 그 죄악을 혐오하게 되었고 두 번 다시 신성모독을 하지 않게 되었습니다.

수감자들이 감옥에 들어오기 전보다 더 나빠지는 것을 막기 위한 조치로 대부분 감옥에서는 노동 교화형을 시행합니다. 제가 본 감옥도 〈노동 교화를 위한 시설〉을 갖추고 있었습니다. 그곳에 들어간 수감자는 대부분 매우 자존심이 센 사람이었습니다. 그들은 머리를 꼿꼿이 세우고 절대 숙이지 않았습니다.

그들은 화려한 깃털을 가진 공작새였으며 감옥에 갇혀 있는 것이 자신에게는 어울리지 않는다고 생각했습니다. 하지만 감금된 상태에 놓이게 되자 그들은 스스로 일을 하기로 결심했습니다. 그들은 인간의 공로에 대한 교리를 믿었으며 열심히 하면 언젠가 자기 힘으로 자유를 손에 넣을 수 있다고 생각했습니다. 그들은 오래된 위조 금화를 저축하고 있었으며 언젠가 그것으로 보석금을 지불하고 자유롭게 될 수 있을 것이라 확신했습니다.

하지만 저를 안내하는 사람은 그들이 하는 짓이 어리석고 쓸데없는 것이라고 단언했습니다. 이 사람들이 저마다 다른 노동을 하는 모습을 지켜보는 것은 한편으로는 재밌기도 했지만 사실 매우 슬픈 일이었습니다. 어떤 사람은 쳇바퀴에서 힘들게 걷고 있었습니다. 그들은 별이 닿는 곳까지 올라가는 중이라고 말했습니다. 하지만 아무리 수년 동안 온 힘을 다해 걸어도 그들은 1인치조차 하늘로 올라가지 못했습니다. 그런데도 그들은 여전히 자기가 하늘까지 올라가는 중이라고 자신만만했습니다.

어떤 사람은 거미줄로 옷을 만들려고 애썼습니다. 열심히 물레를 돌려도 아무것도 남지 않았지만 그래도 그들은 열심히 일했습니다. 그들은 자신이 완벽한 의복을 만들기만 하면 즉시 자유를 얻을 것이라고 믿었습니다. 분명 그들이 완벽한 의복을 손에 넣을 수만 있다면 그들은 자유를 얻을 것입니다.

한쪽에서는 한 무리가 모래로 집을 지으려고 애쓰고 있었습니다. 하지만 그 집은 얼마 세워지지도 못하고 항상 기초가 무너지고 말았습니다. 그럴 때마다 그들은 처음부터 다시 시작했습니다. 그들은 자신이 큰 건물을 짓기만 한다면 자유가 주어질 것이라고 꿈꿨습니다. 어떤 무리는 무화과 나뭇잎을 엮어 혼인 예복을 만들려고 시도했습니다. 하지만 무화과 나뭇잎은 하룻밤이 지나면 전부 시들어버리고 말았습니다. 그래서 그들은 매일 아침 전혀 희망이 없는 노동을 다시 시작해야만 했습니다. 또, 마른 우물에서 물을 긷는 사람도 있었습니다. 그들은 이마에 핏줄이 보일 정도로 있는 힘껏 물을 길었지만 아무런 성과도 얻지 못했습니다. 그들이 맷돌을 갈던 삼손처럼 중노동을 할 때 마치 그들의 등을 채찍으로 내려치는 소리가 들리는 것 같았습니다.

저는 〈율법〉이라 불리는 열 줄로 꼬아진 채찍을 보았습니다. 그것은 열 개의 계명으로 이루어진 무시무시한 율법이었습니다. 이것이 죄수들의 헐벗은 등과 양심을 내리쳤습니다. 하지만 그들은 은혜의 문으로 도망갈 생각은 하지 않고 계속해서 일을 했습니다. 그들 중 일부가 지쳐 쓰러졌습니다. 그러자 동료들은 〈종교의식〉이라 불리는 구멍 난 그릇으로 물을 담아 그들에게 갖다 주려고 했습니다. 그들 중에 제사장이라 불리는 사람들이 있었는데, 그들은 밑이 뚫려 있는 잔을 들고 바삐 움직였습니다. 그것으로 물을 담아 지쳐 쓰러진 불쌍한 죄수들의 입술에 대며 위안을 주려 했습니다. 죄수들이 기절했을 때 저는 그들이 죽는 줄만 알았습니다. 하지만 그들은 기어코 일어나 다시 일을 했습니다. 마침내 아무것도 할 수 없을 정도로 쇠약해졌을 때 그들은 무거운 짐 아래 깔려 완전히 낙심했습니다. 그런데 놀랍게도 자기 공로로 구원을 얻을 수 있다는 희망을 철저히 포기한 죄수들은 한 빛나는 영에게 인도되어 감옥 밖으로 나와 영원한 자유를 얻게 되었습니다.

그들은 은혜로서 구원받는 것을 인정하지 않는 교만하고 스스로 의롭다 여기는 백성이었습니다.

> 그러므로 주께서 그들의 마음을 수고로움으로 낮추셨으니, 그들이 쓰러져도 도와줄 사람이 없었다. 그러자 그들이 고통을 겪는 가운데 여호와께 부르짖었고, 주께서 그들을 고난에서 구

원하셨다. (시 107:12~13)

저는 사람들을 예수님께로 인도하는 그런 감옥이 있다는 사실에 하나님을 찬양하며 기뻐했습니다. 하지만 아직도 그곳에는 탈출하기를 거절하고 속박의 집에 머무는 것을 좋아하는 사람이 여전히 많다는 사실에 슬퍼했습니다. 비록 그곳에는 〈율법의 행위로는 어떠한 육체도 의롭다 여김을 받지 못한다〉(갈 2:16)나 〈너희가 믿음으로 인해 은혜로 구원을 받았으니, 이것이 너희에게서 난 것이 아니라 하나님의 선물이다〉(엡 2:8)와 같은 말씀을 가리키며 호소하는 사람이 있었지만 그곳의 죄수들은 듣지 않았습니다.

유일한 구원

구원이란 얼마나 놀라운 단어입니까! 구원에는 우리의 양심을 과거의 모든 죄책에서 벗어나게 하고 우리 안에 강하게 역사하고 있는 죄악된 성향에서 우리 영혼을 건져낸다는 의미가 포함되어 있습니다. 사실상 그것은 아담이 저질렀던 모든 일을 다시 원래대로 되돌리는 것입니다. 구원은 인간을 타락한 상태에서 완전히 회복시킬 뿐 아니라 그 이상의 의미를 담고 있습니다. 하나님의 구원은 우리의 입지를 타락하기 이전보다 더욱 굳건하게 만들어줍니다. 하나님의 구원은 첫 번째 조상의 죄로 인해 타락하고 오염되고 저주받아 산산조각이 난 우리를 찾아내 상처를 치유해줍니다. 하나님의 구원은 우리의 질병을 제거하고 저주를 풀어주고 우리 발을 예수 그리스도라는 반석 위에 올려놓습니다. 이 모든 것에 더하여 하나님의 구원은 우리 머리를 모든 권세보다 높이고 하늘의 왕이신 예수 그리스도와 함께 영원한 면류관을 쓰게 해줍니다.

어떤 사람은 〈구원〉이란 단어를 사용할 때 그저 지옥에서 건져내어 천국에 들어가게 해주는 것 정도로만 이해합니다. 그것은 구원이 아닙니다. 그 두 가지는 구원으로 인한 결과입니다. 우리는 구원을 받았기 때문에 지옥에서 벗어나게 되었고, 구원을 받았기 때문에 천국에 들어가게 된 것입니다. 우리의 영원한 처지는 이생에서 받은 구원의 결과로 인해 결정됩니다. 구원이 지옥에서 벗어나고 천국에 들어가는 결과를 낳기는 하지만 그것이 구원이란 단어가 의미하는 전부인 것처럼 생각해서는 안 됩니다.

구원은 방황하는 양과 같았던 우리를 목자의 어깨에 메여 안전한 울타리 안으로 옮겨지게 합니다. 그리고 구원은 돌아온 우리로 인해 주님께서 친구와 이웃을 초대해 기쁘게 만들며, 우리를 울타리 안에서 평생 지낼 수 있게 합니다. 구원을 통해 우리는 마침내 목자이신 그리스도의 곁에서 천국의 푸른 초장과 쉴 만한 물가에 누어 어떠한 근심걱정도 없이 영원히 거할 것입니다.

다른 이에게서는 구원이 없다. (행 4:12)

하나님을 섬기는 신앙에는 다른 신들에 대한 관대함이 없습니다. 고대의 이방 종교는 이웃 나라의 서로 다른 모든 신을 존중했습니다. 예를 들어, 이집트의 왕은 아시리아의 신들을 진정한 신이라고 고백했으며, 바빌론의 왕자는 블레셋의 신들을 진정한 신이라고 인정했습니다. 하지만 이스라엘의 여호와 하나님께서 그분의 백성에게 주신 첫 번째 계명은 〈너는 내 앞에 다른 신들을 두지 말라〉(출 20:3)였습니다. 하나님은 이스라엘 백성이 다른 민족의 신들을 섬기는 것을 조금도 허용하지 않고 오히려 〈너는 그들의 제단을 파괴하고 그들의 우상을 깨뜨리고 그들의 아세라 상을 베어 넘어뜨려라〉(출 34:13)라고 명령하셨습니다.

다른 모든 민족은 서로의 신들을 존중했지만, 유대 민족은 그렇게 할 수 없었습니다. 그들이 믿는 종교는 〈들어라, 이스라엘아, 여호와 우리 하나님은 오직 유일한 여호와이시니〉(신 6:4)라고 가르쳤습니다. 그들은 오직 여호와만이 한 분 하나님이라고 믿었기에 다른 모든 거짓 신들은 신으로 여기지 않았으며 오히려 멸시하고 천대했습니다. 오늘날의 기독교도 이와 마찬가지로 다른 신들을 용납하지 않습니다.

만일 힌두교 사제에게 구원의 길을 물어보면 그는 모든 사람이 자기가 믿는 종교를 신실하게 추구한다면 의심할 여지없이 구원에 이르게 된다고 말할 것입니다. 그 힌두교 사제는 아마도 몇 가지 예시를 들 것입니다. 그는 만일 무슬림이 마호메트에게 순종하고 그의 가르침을 의심치 않고 신실하게 믿는다면 결국에는 알라신이 그들을 영화롭게 해준다고 말할 것입니다. 또한 기독교 선교사에게는 〈당신이 이곳에서 기독교를 전파하며 우리를 방해하는 것이 무슨 소용이 있습니까? 우리의 종교는 이미 그것을 믿는 자들을 천국으로 인도하기에 충분합니다〉라고 말할 것입니다.

하지만 기독교는 〈다른 이에게서는 구원이 없다〉(행 4:12)라고 단호하게 말합니다. 힌두교 사제들은 자기들이 믿는 종교 이외에도 다른 수많은 곳에 구원이 있다고 하겠지만, 우리는 결코 그것을 인정하지 않습니다. 예수 그리스도를 벗어난 곳에는 진정한 구원이 없습니다. 이교도의 신들은 자비를 베풀 듯 우리에게 다가와 모든 사람이 각자 양심에 맞게 신앙 고백을 하면 구원을 얻을 수 있다고 속삭일 것입니다. 하지만 우리의 대답은 〈그렇지 않다〉입니다.

> **다른 이에게서는 구원이 없으니, 이는 천하에 구원받을 수 있는 다른 이름을 우리에게 주신 적이 없기 때문이다.** (행 4:12)

이처럼 기독교가 다른 신들에게 관대하지 않은 이유가 무엇인 것 같습니까? 저는 그것이 유대인과 그리스도인이 진리를 붙들고 있기 때문이라고 믿습니다. 수천 가지 오류는 서로 평화롭게 공존할 수 있을지 모릅니다. 하지만 진리는 그 모든 오류를 산산조각 내는 망치와 같습니다. 수백 가지 거짓 종교는 서로 한 침대에서 평화롭게 동침할 수 있을지 모릅니다. 하지만 그것들이 진리를 지닌 기독교와 함께할 때는 마치 불타는 숯불 위에 누운 것 같을 것입니다. 진리는 장작과 지푸라기와 별반 다를 것 없는 세속적 오류를 결코 용인하지 않습니다.

모든 이교도와 타종교의 신들은 지옥에서 태어났습니다. 그러므로 그들은 같은 아비에게서 태어난 자식들이기에 서로 다투거나 비난하는 일이 잘못된 것처럼 보입니다. 하지만 그리스도의 종교는 그들과 달리 하나님에게서 나온 것입니다. 기독교는 하늘에서 나온 것이기에 그것이 하나님의 진리를 반대하는 불경건한 세대 가운데 들어왔을 때 그들과 타협하거나 평화 조약을 맺지 않습니다. 이는 진리는 결코 오류와 함께 멍에를 멜 수 없기 때문입니다. 기독교는 구원이 오직 진리 안에만 존재하며 진리를 벗어난 다른 오류 가운데는 구원이 없다고 주장하면서 자신의 입지를 굳건히 다집니다.

한때 저는 선행을 통해 구원을 얻을 수 있다고 생각했으며, 그래서 저의 성품을 온전하고 신실하게 지키려고 열심히 노력했습니다. 하지만 하나님의 영이 제 마음속으로 들어왔을 때 〈죄는 살아나고 저는 죽었습니다.〉(롬 7:9) 제가 선하다고 생각했던 것이 실은 악하였고, 거룩하다고 생각했던 것이 실은 불경한 것이었습니다. 제가 했던 가장 최고의 선행조차 죄악된 것이었으며 저에게 필요한 것은 그저 울면서 하나님께 용서를 구하는 것뿐임을 깨달았습니다.

저는 율법의 행위에 의한 구원을 추구했으며 제가 했던 모든 선행은 그저 스스로 구원에 이르기 위한 이기적인 동기에서 나온 것이었기에 그것은 하나님께 용납될 수 없다는 사실을 깨달

앗습니다. 제가 선행으로 인해 구원받을 수 없는 것은 두 가지 이유 때문이었습니다. 첫째는 제가 행했던 선행이 전혀 없었다는 것이며, 둘째는 설사 있다고 하더라도 그것은 결코 저를 구원할 수 없다는 것입니다.

그 후에 저는 구원이 절반은 저의 행실을 바꾸고 개선하는 것을 통해, 또 절반은 그리스도를 신뢰하는 것을 통해 얻을 수 있다고 생각했습니다. 그래서 저는 열심히 기도하고 회개의 눈물을 흘리고 변화되기를 서약하면 모든 것이 잘 되리라 생각하고 더욱 노력했습니다.

눈먼 말이 쉴 새 없이 맷돌을 돌리는 것처럼 오랜 세월을 수고한 끝에 비로소 저는 아무런 발전이 없이 여전히 하나님의 진노 아래 머물러 있다는 사실을 깨달았습니다.

> 율법에 기록된 모든 것을 계속해서 지켜 행하지 않는 사람은 누구든지 저주를 받는다. (갈 3:10)

제 마음속에는 여전히 세상이 절대로 채워줄 수 없는 불안과 걱정이 남아있었습니다. 저의 영혼은 안식을 취할 수 없었기에 심히 불안에 떨었습니다.

여러분은 천국에 가기 위해 이 두 가지 방법을 시도해본 적이 있습니까? 그렇다면 성령님께서는 여러분이 그것에 완전히 질리도록 만드셨을 것입니다. 왜냐하면 여러분이 천국에 들어가는 올바른 문을 발견하기 위해서는 먼저 다른 모든 문은 잘못되었다는 사실을 깨닫고 고백해야 하기 때문입니다. 사람들은 다른 모든 길을 시도해보고 좌절을 겪고 나서야 비로소 좁고 험난한 길을 통해 하나님께 나아가려 합니다. 우리는 매맞고 지치고 패배하였을 때 비로소 우리를 깨끗게 씻길 수 있는 열린 샘으로 나아갑니다.

그리스도 안에는 여러분을 위한 구원이 확실히 있습니다. 저 역시 그리스도 안에서 구원을 발견했습니다. 그리스도께서 저 또한 받아주셨기에 다른 누구라도 구원을 받을 수 있다고 믿어 의심치 않습니다. 은혜의 보좌 앞에 처음으로 나아갔을 때 제가 짊어지고 있던 절망이 얼마나 무거웠는지 모릅니다.

하나님께서 온 세상에 자비를 베푸시더라도 오직 저에게는 자비를 베푸시지 않을 것이라고 생각할 정도였습니다. 제가 어린 시절에 저질렀던 온갖 죄들이 뇌리에서 떠나지 않았습니다. 그것들을 하나씩 지우려고 노력했지만 저는 악습의 철창에 갇혀 빠져나올 수 없었습니다.

만일 제가 저의 죄를 모두 버릴 수 있다고 하더라도 제가 지은 죗값은 여전히 남아있었습니다. 저는 자신을 깨끗하게 할 수 없었습니다. 이 문제를 해결하기 위해 무려 3년 동안 기도했습니다. 무릎 꿇고 주님의 자비를 간절히 구했지만 헛수고였습니다. 마침내 모든 희망이 사라지고 그저 주님의 진노가 임하여 지옥의 구덩이에 내던져지기만을 기다리고 있을 때, 주님은 저를 만나 주셨고 저의 모든 것을 온전히 주님께 맡기라고 가르쳐 주셨습니다. 여러분도 마찬가지입니다. 오직 주님을 신뢰하십시오. 그러면 여러분도 구원이 주님 안에 있다는 것을 확신할 것입니다.

그리스도 안에서 구원을 찾지 못한다면 다른 어떤 곳에서도 찾을 수 없습니다. 여러분이 그리스도께서 주신 구원을 놓친다면 얼마나 끔찍한 일이겠습니까!

> **우리가 이처럼 큰 구원을 경시한다면 어떻게 피할 수 있겠느냐?** (히 2:3)

우리가 흉악한 범죄자이든 아니든 구세주의 은혜를 입지 않고 죽음을 맞이하는 것은 매우 끔찍한 일이 될 것입니다! 아, 죄인이여, 예수님의 발치에서 자비를 찾지 못한다면 다른 어느 곳에서도 찾지 못할 것이라는 사실은 여러분을 은혜의 보좌로 나아가게 할 동기가 되어줄 것입니다.

천국이 여러분에게 문을 열어주지 않으면 여러분은 구원을 위한 다른 어떤 문도 찾지 못할 것입니다. 그리스도께서 여러분을 거절하신다면 여러분은 영원히 받아들여지지 못할 것입니다. 그분의 피가 여러분께 뿌려지지 않으면 여러분은 영원히 잃은 자가 될 것입니다. 주께서 여러분을 기다리게 하신다면 계속해서 기도하며 기다리십시오. 예수님 외에는 다른 어떤 길도 소망도 신뢰할 것도 피난처도 없다는 사실을 염두에 둔다면 주님을 기다리는 것만이 우리가 할 수 있는 최선일 것입니다.

천국의 문은 높이가 매우 낮아서 그곳으로 들어가려면 무릎을 꿇고 엉금엉금 기어가야 합니다. 그 문은 매우 좁고 협소합니다. 그래서 그곳으로 들어가려면 우리의 모든 죄와 교만한 자기 의를 버리고 기어서 통과해야만 합니다.

죄인이여, 여러분은 어떻게 하겠습니까? 여러분은 좁고 협소한 문으로 들어가겠습니까? 아니면 들어가지 않고 영원한 삶과 기뻠을 거부하겠습니까? 죄인이여, 와서 겸손하게 여러분을 위해 자신을 내어주신 주님께서 여러분을 받아주실 것을 신뢰하고 그 문으로 들어가십시오. 주님은 여러분을 지금부터 영원토록 구원해주실 것입니다.

경고를 받아들이지 않는 자

모든 세속적인 분야에서 사람들은 항상 자신의 관심사를 충분히 이해할 만큼 깨어있습니다. 사업가 중에는 신문을 읽으면서 그것을 자신의 관심사와 연관된 관점에서 보지 않는 사람이 거의 없습니다. 그가 신문에서 읽은 부분이 시장의 오르내림과 직결되어 그로 인해 손해를 보거나 이익을 취할 수 있다면 그 소식은 그에게 가장 중요한 관심사가 될 것입니다. 정치에 관해서는 세속적인 일의 모든 분야에서 개인의 이익이 최우선이 됩니다. 그렇기에 사람들은 언제나 자신을 보살피며 머릿속은 개인과 가정의 이익에 관한 일로 가득할 것입니다.

그런데 종교 분야에서는 그렇지 않습니다. 신앙에 관해서 사람들은 자신의 개인적인 문제를 탐구하기보다는 추상적인 교리를 믿고 보편적인 진리에 관해 이야기하는 것을 선호합니다. 많은 사람이 일반론을 다루는 설교자에게는 찬사를 보내지만 구체적인 죄를 이야기하고 신랄한 질문을 던지는 설교자는 불쾌하게 여깁니다.

만일 우리가 〈우리는 모두 죄를 지었다〉라든지 〈우리는 모두 구세주가 필요하다〉와 같이 일반적인 사실만을 선포하면 사람들은 우리가 전하는 가르침에 동의할 것입니다. 그들은 그런 설교를 듣고 기쁜 마음으로 집으로 돌아갈 것입니다. 왜냐하면 그것은 그들에게 직접적인 영향을 주지 않기 때문입니다. 하지만 신실한 목사가 그들의 죄에 관해 이야기하면 사람들은 바리새인이 예수님께 했던 것처럼 이를 갈며 분노에 차 집으로 돌아갈 것입니다. 얼마나 어리석은 일입니까!

다른 모든 분야에서 우리는 자신의 문제를 중요하게 여깁니다. 그렇다면 신앙에 있어서는 더욱 그래야 하지 않겠습니까? 모든 사람은 마지막 심판의 날에 자기가 한 일을 정산해야만 합니다. 우리는 모두 홀로 죽습니다. 그리고 부활의 날에 한 명씩 차례로 일어나 심판석에 앉아계신 주님 앞으로 나아가야 합니다. 주님은 그들에게 개별적으로 〈내 아버지께 복 받을 자들아, 와서 창세 때부터 너희를 위해 준비된 나라를 상속하라〉(마 25:34)라는 말씀을 하시거나, 또는 〈저주를 받은 자들아, 내게서 떠나 마귀와 그의 부하들을 위해 준비된 영원한 불에 들어가라〉(마 25:41)라는 무서운 선고를 내리실 것입니다.

만일 〈민족 단위의 구원〉 같은 것이 실제로 존재해서 우리가 마치 이삭 다발처럼 한꺼번에 구원받는 것이 가능하다면, 그래서 일부 섞여 있는 잡초들도 다른 곡식이 상하지 않도록 함께 거두어진다고 한다면, 우리가 자신의 개인적인 구원에 관해 관심을 가지지 않는 것이 그리 문제되지는 않을 것입니다. 하지만 만일 우리가 한 사람씩 하나님 앞에서 자기 일을 고하며 자기 행위에 대한 심판을 받는다고 한다면, 우리는 이성과 양심과 의지를 모두 동원해 자신을 살펴 스스로 속이지 않고 하나님에게서 영원히 쫓겨나지 않도록 해야 할 것입니다.

그렇기 위해 우리가 할 수 있는 일은 경고하는 것입니다. 만일 전쟁 중에 군대가 밤에 잠이 들었을 때 공격을 당해 전멸했거나, 아니면 최선을 다해 파수꾼을 세웠지만 적이 너무도 은밀하게 침투하여 막을 수 없었다고 한다면, 우리는 그것을 책망하지 않고 그들에게 일어난 일을 안타깝게 여길 것입니다.

반면, 그들이 파수꾼을 세워 놓았으며 파수꾼은 무슨 일이 있을 때마다 졸린 군사들에게 경고했는데도 불구하고 군대가 전멸했다면, 우리는 그들이 목숨을 잃은 것에는 안타까움을 표현하겠지만 동시에 적이 진격해온다는 파수꾼의 경고를 받았음에도 다시 잠이 들었던 그들의 어리석음과 게으름을 지적할 것입니다. 그들에게는 자신이 흘린 피에 대한 책임이 있습니다.

이것은 우리에게도 마찬가지로 적용됩니다. 만일 사람들이 임박한 진노를 피하도록 충분히 경고를 받지 못한 채 멸망한다면, 그들이 하나님의 심판대 앞에 섰을 때 우리는 그들을 불쌍히 여길 것입니다.

비록 그들은 경고를 받지 못한 사실로 인해 그들의 형벌이 완전히 면제되는 것은 아니지만, 그들이 경고를 받고도 멸망했을 때 받을 영원한 고통에 비한다면 비교적 가벼운 형벌에 처할 것입니다. 이는 경고를 받지 못한 두로와 시돈이 복음이 선포되었지만 회개하지 않은 성읍에 비해 심판 날에 견디기 쉬울 것이기 때문입니다.

> 고라신아, 너에게 화가 있으리라! 벳새다야 너에게 화가 있으리라! 이는 너희 가운데서 행한 권능을 두로와 시돈에서 행했더라면 그들은 오래전에 베옷을 입고 잿더미에 앉아 회개하였을 것이기 때문이다. 그러나 내가 너희에게 말하니, 심판 날에 두로와 시돈이 너희보다 견디기 쉬울 것이다. (마 11:21~22)

> 그가 불피리 소리를 듣고도 경고를 받아들이지 않으면 그의 피가 자기에게 돌아갈 것이다. 그러나 경고를 받아들이는 자는 목숨을 구할 것이다. (겔 33:5)

세계 각지의 많은 곳에서 하나님의 경고를 알리는 나팔 소리가 더 이상 들리지 않습니다. 하나님께서 보내신 자들에게 임박한 진노에 대한 경고를 받지 못하고 죽어가는 사람이 너무도 많습니다.

> 아들을 믿는 자에게는 영생이 있으나 아들에게 순종치 않는 자는 생명을 보지 못할 것이며 도리어 하나님의 진노가 그의 위에 머물러 있다. (요 3:36)

그들은 아직 구원받을 수 있는 유일한 방법을 알지 못합니다. 나팔 소리만 들리지 않을 뿐 아니라 그것이 주는 경고의 메시지도 이해하지 못합니다. 에스겔 33장 5절에 등장하는 사람은 나팔 소리를 듣고 적이 가까이 다가왔다는 사실을 알았지만 그 경고를 가볍게 여겼습니다.

그런데 여러분은 이 경고의 말씀을 매우 자주 들었습니다. 경고의 나팔 소리를 한 번밖에 듣지 못하고 그것을 받아들이지 않는 사람이라면 변명의 여지가 있지만, 여러분은 복음의 나팔 소리를 매우 많이 들었습니다.

청년이여, 여러분은 수년간 경건한 어머니에게서 가르침을 받고 경건한 목회자에게서 권면을 받았습니다. 수많은 설교가 여러분에게 선포되었습니다. 인생을 바꿀 만한 경험을 많이 겪었고 다양한 질병에 시달리기도 했습니다. 친구가 죽음을 맞이하는 것을 보고 여러분의 양심은 심히 요동했습니다. 경고의 말씀은 여러분에게 드문 것이 아니라 매우 흔하게 접했던 것이었습니다.

여러분, 복음을 오직 한 번만 들었던 사람이라 할지라도 그것을 거절한다면 그의 피는 그의 머리 위에 놓일 것입니다. 그런데 복음을 수없이 많이 들었던 여러분이라면 그것을 거절했을 때 얼마나 심한 형벌을 받겠습니까! 여러분이 얼마나 많은 설교를 듣고 마음에 찔림을 받았는지를 생각할 때마다 저는 눈물이 납니다. 여러분은 일 년에 백 번도 넘게 하나님의 전으로 나아왔지만 그럴 때마다 영원한 불을 지피는 장작만 더 늘어갈 뿐이었습니다. 여러분의 귀에 수백 번의 나팔 소리가 들렸지만, 그럴 때마다 여러분은 그것을 거절하고 그리스도를 모욕하고 영원한 삶에 관심을 두지 않고 세상의 즐거움을 추구하는 죄를 지었습니다.

아, 얼마나 어리석고 정신 나간 짓입니까!

만일 어떤 사람이 여러분에게 단 한 번 온 마음을 다해 열정적으로 영원한 삶에 관한 이야기를 전하였는데 여러분이 그의 메시지를 거절하였다면, 그것만으로도 여러분에게는 그 일에 대한 책임이 있을 것입니다. 그런데 전능자께서 화살을 모두 쏟아붓듯이 메시지를 전한 여러분은 어찌 되겠습니까? 반복해서 소나기로 적시고 햇볕으로 비옥하게 했지만 여전히 열매 맺지 못한 땅은 어찌 되겠습니까? 반복해서 책망을 받으면서도 여전히 오만함과 반항으로 목이 굳은 자는 어찌 되겠습니까? 어느 순간 피할 길도 없이 갑자기 멸망하게 되지 않겠습니까?

자주 책망을 받으면서도 목이 굳은 자는 갑자기 멸망하며 피할

길이 없을 것이다. (잠언 29:1)

그러면 〈그의 피는 그의 문 앞에 있고, 그의 죗값은 그의 머리 위에 있다〉라고 하지 않겠습니까? 여러분이 기억해야 할 것이 하나 더 있습니다. 여러분이 자주 들었던 이 경고의 말씀은 머지않아 여러분에게 임하게 될 것이란 사실입니다.

한 불신자가 〈하나님은 인간을 고려하지 않습니다. 만일 하나님이 있다면 그는 인간에 대해 신경조차 쓰지 않을 것입니다〉라고 말했습니다. 그러자 맞은 편에 앉아 있던 목회자가 그에게 〈당신이 방금 한 말이 사실인지 아닌지 곧 알게 될 날이 올 것입니다〉라고 말했습니다. 그는 〈목사님이 한 말의 의미를 모르겠습니다〉라고 대답했습니다. 목사는 〈언젠가 당신이 하나님을 향해 부르짖지만 하나님께서는 당신을 거절할 날이 올 것입니다. 그때에 당신이 하나님을 향해 손을 들어도 그분은 당신에게 관심을 보이지 않고 오히려 잠언에서 말씀하신 대로 행하실 것입니다〉라고 말했습니다.

내가 불렀으나 너희가 거절하였고 내가 손을 내밀었으나 아무도 반응하지 아니하였으며 너희가 내 모든 조언을 경시하고 나의 책망을 거부하였으므로, 나도 너희가 재앙을 당할 때 비웃

고 너희에게 두려움이 임할 때 조롱할 것이다.** (잠 1:24~26)

여러분이 지금 이 경고의 글을 읽고 있다면 아직 너무 늦지 않은 것입니다. 여러분은 구원의 소망이 거의 없는 임종 직전에 경고를 받은 것이 아닙니다. 여러분은 시기적절한 때에 경고를 받은 것입니다. 여러분은 오늘 경고를 받았으며 지난 수년 동안에도 경고를 받아왔습니다. 만일 하나님께서 지옥에 떨어진 자들에게 설교자를 보내신다면, 그것은 오히려 그들에게 형벌을 더하는 일이 될 것입니다. 누군가 지옥으로 가서 복음을 선포하고 그곳에 있는 자들에게 그들이 모욕했던 구세주에 관해 이야기한다면, 그것은 그 불쌍한 영혼들을 희망고문하며 그들에게 더욱 큰 고통을 주는 일이 될 것입니다. 하지만 지금 복음을 선포하는 것은 아직 희망이 있습니다. 왜냐하면 〈지금은 은혜받을 만한 때이고, 구원의 날이기 때문입니다.〉 (고후 6:2)

뱃사공이 거친 물살에 들어가기 전에 경고하십시오. 그런데도 그가 급류에 떠내려간다면 그것은 그의 책임입니다. 누군가 독을 마시려고 하기 전에 경고하십시오. 그 잔에 들어 있는 것이 치명적인 독이라고 말해줬는데도 그가 그것을 마시면 그의 죽음은 자신의 책임입니다. 마찬가지로 저는 여러분이 이생을 떠나가기 전에 경고하려고 합니다. 여러분의 뼈에 아직 골수가 차 있고 관절의 힘줄이 느슨해지기 전에 경고하려 합니다. 저는 늦기 전에 여러분에게 경고할 것이며, 그로 인해 여러분의 책임은 더욱 늘어날 것입니다. 시기적절한 때에 반복해서 열심을 내어 여러분이 잠에서 깨어날 수 있도록 경고할 것입니다. 이 경고는 지금까지 계속해서 여러분에게 주어졌지만, 여러분은 여전히 임박한 진노에서 피할 길을 찾지 않았습니다.

어떤 사람은 〈제가 그 경고에 주의를 기울이지 않았던 것은 그것의 필요성을 느끼지 못했기 때문입니다〉라고 말합니다. 여러분은 죽음 이후에 심판이 있다는 사실을 들었지만 그 심판을 대비해야 할 필요성을 느끼지 못했습니다. 여러분은 〈율법의 행위로는 주님 앞에서 의롭다 하심을 받을 육신이 없다〉(롬 3:20)라는 사실과 죄인은 오직 그리스도를 통해서만 구원을 받을 수 있다는 사실을 들었지만 여러분에게 그리스도가 필요하다는 것을 느끼지 못했습니다. 여러분은 그 필요성을 느껴야만 합니다.

여러분 내면의 양심은 이미 그 필요성을 느꼈습니다. 여러분이 실제로 믿지는 않으면서 입으로만 신앙을 담대하게 고백할 때 여러분의 양심은 작은 목소리로 그 신앙고백이 가식이라고 속삭였습니다.

밤마다 여러분은 두려움에 떨었습니다. 평소에는 하나님을 조롱했지만 폭풍우가 몰아칠 때는 그분께 무릎 꿇고 기도했습니다. 아프거나 죽음의 위협을 느낄 때는 〈주님, 저를 불쌍히 여기소서〉라고 기도했습니다. 평소에는 하나님을 우습게 여겼지만 어려운 환경에 직면했을 때는 재빠르게 그분께 매달렸습니다. 그렇게 여러분은 기도했으며 결국에는 믿음을 가지게 되었습니다.

그런데 혹시 아직도 믿음이 없다면 지금이라도 믿음을 가져야만 합니다. 죽음 이후의 세계가 있다는 사실만으로 우리가 믿음을 가져야 할 충분한 이유가 됩니다.

하나님께서 주신 계시록은 죽음 이후의 세계가 있다는 것을 분명히 알려줍니다. 그런데 여러분이 하나님의 말씀을 거부하고 이성과 양심의 목소리에 귀를 닫는다면 여러분의 피는 여러분 머리 위에 놓일 것입니다. 어떠한 변명도 소용없습니다. 하나님의 말씀을 거부하는 것은 불경스럽고 악한 것이며 여러분은 영원한 고통에 처하게 될 것입니다.

어떤 사람은 〈저는 나팔처럼 시끄럽게 울리는 소리가 싫습니다. 저는 그렇게 선포되는 복음을 좋아하지 않습니다〉라고 말합니다. 또, 어떤 사람은 〈저는 성경에서 특정한 교리를 좋아하지 않습니다. 제가 생각하기에 목사들이 때로는 너무 가혹한 교리를 가르치는 것 같습니다. 저는 그런 복음에 동의하지 않습니다. 저는 복음이 그와는 다른 형태여야 한다고 생각합니다〉라고 주장합니다.

경고의 나팔 소리가 싫습니까? 하나님께서 그 나팔 소리를 만드셨으며 하나님께서 그 복음을 만드셨습니다. 하나님께서 만드신 것을 여러분이 아무리 마음에 들지 않는다고 해도 그것은 공허한 변명에 불과합니다. 나팔 소리가 어떻든 그것이 여러분에게 올바른 경고를 해주기만 한다면 무슨 문제가 있습니까? 실제로 여러분이 사는 곳에 전쟁이 일어나서 적이 다가오는 것을 경고하는 나팔 소리가 울린다면, 여러분은 지금처럼 가만히 앉아서 〈저것은 놋으로 만든 나팔이야. 나는 저것이 은으로 만든 나팔이었으면 좋겠어〉라고 말하고 있지는 않을 것입니다. 아마도 여러분은 나팔 소리가 어떻든 상관없이 바로 일어나 도망칠 것입니다. 이것은 지금 복음의 경고를 받아들이지 않고 있는 여러분에게도 마찬가지입니다. 단지 그 소리가 마음에 들지 않는다고 거절하는 것은 매우 어리석은 변명에 불과합니다. 하나님께서 그 복음을 만드셨기 때문에 여러분은 그것을 받아들여야 합니다.

어떤 사람은 〈저는 복음의 나팔을 부는 나팔수가 마음에 들지 않습니다〉라고 말합니다. 그렇다면 그 도시에 있는 다른 하나님의 종을 찾으십시오. 여러분의 마음에 맞는 하나님의 종을 찾을 수 없습니까? 그가 너무 과장되게 말해서 싫습니까? 너무 교리적이어서 싫습니까? 너무 실천적이어서 싫습니까? 복음의 나팔을 부는 사람은 매우 많으며 여러분은 그중에서 마음에 드는 사람을 고를 수 있습니다. 그런데도 여러분은 저마다 다른 이유를 대며 받아들이기를 거부합니다.

하나님께서 복음의 나팔을 불도록 보내신 사람이 자기가 가진 모든 능력을 발휘해 나팔을 불었는데 그 방식이 여러분의 마음에 들지 않는다고 그들의 경고를 거부하는 것은 어리석은 일입니다. 우리는 집에 불이 났을 때 그것을 알리는 사람의 흠을 잡지 않습니다. 〈불이야! 불이야!〉라고 소리치는 사람의 목소리가 마음에 들지 않는다고 그의 경고를 거부하지는 않습니다. 〈불이야!〉라고 외치는 사람의 방식이 마음에 들지 않는다고 그대로 침대에 누워서 불타 죽는 사람이 있다면 여러분은 그를 어리석다고 여길 것입니다. 그는 경고의 소리를 듣자마자 즉시 침대에서 일어나 밖으로 나와야만 합니다.

또, 어떤 사람은 〈저는 나팔을 부는 그 사람 자체가 싫습니다. 그의 소리가 들리지만 그를 개인적으로 싫어하기 때문에 나팔 소리에 관심을 기울이지 않습니다〉라고 말합니다. 하나님은 그에게 이렇게 말씀하실 것입니다.

> 어리석은 자여! 그 사람이 싫다는 이유로 네 영혼을 잃어버리려 하느냐? 그가 서 있거나 넘어지는 것이 그의 주인에게 달려 있다. (롬 14:4) 너는 네 자신의 일이나 신경 써라.

배에서 떨어져서 익사하려는 사람에게 선원이 밧줄을 던졌는데 그가 이런저런 핑계를 대며 그 밧줄을 붙잡지 않는다면 여러분은 그를 어떻게 생각하겠습니까? 그는 〈저는 이 밧줄이 마음에 들지 않습니다. 이 밧줄은 최상품이 아닙니다. 게다가 타르도 조금 묻어 있어서 마음에 들지 않습니다〉라고 말합니다. 또, 〈저는 밧줄을 던져준 선원이 마음에 들지 않습니다. 그는 친절한 사람이 아니라 저는 그의 얼굴을 쳐다보기도 싫습니다〉라고 합니다.

그리고 나서 그는 꼬르륵 소리를 내며 바다 밑으로 가라앉았습니다. 그가 물에 빠져 죽었을 때 사람들은 그것을 당연한 결과로 여겼습니다. 그는 삶과 죽음의 갈림길에서 어리석은 이유를 대며 밧줄을 붙잡는 것을 거절하였으므로 그의 피는 그의 머리 위에 놓이게 되었습니다.

여러분도 마지막에 같은 결말을 맞이할 것입니다. 여러분은 그동안 그리스도인과 그들의 교리를 비판하는 일에 열중하느라 자신의 영혼이 멸망하는 줄도 몰랐습니다. 하나님의 말씀을 비판하느라 그 안에 담긴 진리를 보지 못했습니다. 비판으로 인해 지옥에 갈 수는 있지만 비판을 통해 영혼을 구할 수는 없습니다. 지옥에 간 후에 최선을 다해 비판을 해도 아무런 소용이 없습니다. 그곳에서 〈나는 그 목사가 싫었어. 그가 말하는 방식이나 내용이 마음에 안 들었어〉라고 불평해도 여러분의 불타는 혀를 식혀줄 한 방울의 물도 얻을 수 없습니다.

어떤 사람은 〈저는 그런 일을 하지 않았습니다. 그런데 저는 그 나팔 소리가 제가 아닌 다른 사람들을 위한 것이라고 생각했습니다〉라고 말합니다. 이것은 매우 흔한 반응입니다. 어떤 시인이 〈모든 사람은 모든 사람이 죽는다는 것을 알지만 자기는 예외라고 생각한다〉라고 말한 것처럼 모든 사람은 복음이 모든 사람에게 필요하지만 자기는 예외라고 생각합니다. 복음은 한 사람도 예외 없이 우리 모두에게 필요하다는 사실을 반드시 기억하기 바랍니다.

또, 어떤 사람은 〈저는 너무 바빠서 제 영혼의 문제를 신경 쓸 여유가 없습니다〉라고 말합니다. 만일 할 일이 너무 많아서 불타는 집에서 빠져나오지 않고 계속 일만 하다가 불에 타서 죽는 사람이 있다면 여러분은 어떻게 생각하겠습니까? 죽을병에 걸렸는데 할 일이 너무 많아서 일만 하면서 병원에 가지 않는 사람을 어떻게 생각하겠습니까? 할 일을 멈추고 목숨부터 구해야 한다고 생각하지 않겠습니까? 할 일이 너무 많아서 자신의 영혼을 신경 쓸 시간이 없는 사람은 이 구절을 마음에 새기길 바랍니다.

> **사람이 온 세상을 얻고도 자기 영혼을 잃는다면 무슨 유익이 있겠느냐? 사람이 자기 영혼을 대가로 무엇을 주겠느냐?** (마 16:26)

그런데 실제로는 대부분 충분한 시간을 가지고 있습니다. 기회가 없는 것이 아니라 의지가 없을 뿐입니다. 여러분은 모든 일을 다 하고도 여가를 즐길 만한 시간이 있습니다. 신문을 읽을 시간은 있는데 성경을 읽을 시간은 없습니까? 음악을 들을 시간은 있는데 기도를 할 시간은 없습니까?

어느 날 두 농부가 시장에서 만났습니다. 한 농부는 다른 농부에게 〈저는 당신이 어떻게 사냥을 즐길 시간을 낼 수 있는지 이해할 수 없습니다. 밭을 갈고 씨 뿌리고 풀을 베고 추수하는 모든 일을 다 하려면 저는 도저히 사냥을 할 만한 여유가 없습니다〉라고 말했습니다. 그러자 다른 농부는 〈당신이 저처럼 사냥을 매우 좋아한다면 아마 당신도 사냥할 시간을 낼 수 있을 것입니다〉라고 대답했습니다.

신앙생활도 마찬가지입니다. 사람들이 신앙생활을 할 시간을 내지 못하는 것은 그것을 충분히 좋아하지 않기 때문입니다. 그들이 충분히 신앙생활을 좋아했다면 어떻게 해서든 시간을 냈을 것입니다. 게다가 신앙생활을 하기 위해서는 그리 많은 시간을 낼 필요도 없습니다. 신앙생활에 얼마나 많은 시간이 필요할까요? 일하는 도중에도 하나님께 기도할 수 있지 않나요? 아침을 먹으며 성경 한 구절을 읽고 그것을 온종일 묵상할 수 있지 않습니까? 비록 우리가 세상일로 인해 바쁠지라도 우리 영혼에 대해 생각하며 구세주의 보혈과 속죄를 묵상할 수는 있지 않습니까?

시간이 부족하다는 것은 변명거리가 되지 않습니다. 개인 기도를 하고 그리스도와 교제하기 위해 어느 정도 시간이 소모되지만 우리가 은혜 안에서 성장한다면 오히려 그 시간을 더욱 늘리려고 할 것입니다. 경건의 시간을 할 수 있는 한 많이 가질수록 우리는 더욱 행복해질 것이며 시간이 부족하다는 변명은 결코 하지 않을 것입니다.

또, 어떤 사람은 〈저는 아직 젊고 예수님을 따르기 위한 시간은 아직 많이 남아 있는데 젊은 시절부터 너무 종교적인 사람이 되고 싶지는 않습니다. 지금은 다른 사람들처럼 세상일과 즐거움에 집중해도 괜찮지 않을까요?〉라고 말합니다.

그럴 수도 있겠지만 제 경험상 최고로 행복하게 사는 법은 바로 그리스도인으로서 사는 것입니다. 세상에서 가장 큰 행복은 다름 아닌 하나님의 자녀가 되는 것입니다. 세상에서도 즐거움을 느낄 수는 있겠지만 그리스도인이 된다면 그보다 두세 배 더 큰 즐거움을 누릴 것입니다. 세상의 쾌락이 아니라 그보다 천 배는 더 큰 기쁨을 누릴 것입니다.

한번 상상해보십시오. 깊고 어두운 저주의 늪에 한 젊은이가 엎드려 있습니다. 그는 〈아, 나는 수습생 기간이 끝나면 회개할 생각이었는데 그 기간이 끝나기도 전에 죽어버렸구나〉라고 울부짖습니다. 그 옆에 있는 사람은 〈아, 나는 장인이었던 시절, 상점의 주인이 되면 그리스도의 일을 생각하려 했다. 그런데 사업을 시작할 자금을 충분히 모으기도 전에 죽어버렸구나〉라고 한탄합니다. 그리고 근처에 있는 한 상인은 슬피 울면서 이렇게 고백합니다.

> 나는 은퇴 후 시골에서 여생을 보내기 위한 자금을 마련한 다음에 예수님께 돌아가려 했다. 자녀들을 모두 결혼시키고 내 주변의 문제가 안정된 후에는 하나님을 생각하며 충분한 시간을 보내려 했는데 지금 나는 여기 지옥에 갇혀 있구나. 그동안 미루던 것이 무슨 소용이 있는가? 세상의 즐거움을 얻기 위해 노력했던 시간이 무슨 의미가 있는가? 나는 그것을 얻은 대가로 내 영혼을 잃었구나.

우리는 다른 사람이 시간 약속을 잘 지키지 않으면 짜증을 냅니다. 그런데 다음 세상을 준비하는 시간을 지체하는 일이 얼마나 끔찍한 것인지는 잘 인식하지 못합니다! 혹시 〈나는 다음

주 수요일에 회개할 것이다〉라고 말하는 사람이 있다면 그가 그때까지 얼마나 끔찍한 상황에 처해 있는지 깨닫기를 바랍니다. 수요일이 오기 전에 혹시라도 죽음을 맞이하면 어찌하겠습니까? 그가 화요일에 죽어서 지옥에 간다면 수요일에 회개하겠다고 작정한 것이 무슨 도움이 되겠습니까?

마지막 날에 죄인은 반드시 멸망하며 어떠한 변명도 통하지 않을 것입니다. 그의 피는 그의 머리 위에 놓일 것입니다. 어떤 사람이 파산하였을 때 〈제가 파산한 것은 거래를 잘못해서 그런 것이 아닙니다. 제가 신뢰했던 사람에게 사기를 당했기 때문에 어쩔 수 없었습니다〉라고 한다면 그는 사람들에게 위로를 받을 것입니다.

하지만 여러분이 경고를 받고도 영혼의 파산을 겪는다면 여러분은 그것으로 인해 영원히 고통받아야 합니다. 큰 불행을 겪었을 때 그로 인해 하나님의 손길을 느낄 수 있다면 우리는 기쁨으로 그것을 참고 견딜 것입니다. 하지만 우리 자신의 잘못으로 인해 불행을 겪는다면 얼마나 끔찍한 일입니까!

복음을 듣고도 지옥에 간 사람들은 자기 자신을 살해한 자가 되는 것입니다. 죄인이여, 여러분은 단검으로 자신의 심장을 찌르는 자가 될 것입니다. 여러분이 복음을 모욕하고 거절하면 그것은 자기를 불태우기 위해 기름을 뒤집어쓰는 것과 마찬가지입니다. 영원히 속박되기 위해 스스로 사슬을 묶는 것입니다. 그러면 여러분은 이렇게 한탄할 것입니다.

나는 자신을 저주에 빠뜨렸구나. 나는 복음을 거절하여 스스로 이 지옥 구덩이에 몸을 던졌구나. 나는 그 메시지를 조롱했다. 나는 인자의 말을 땅에 짓밟았다. 그분의 꾸지람을 받아들이지 않고 그분의 말씀을 비웃었다. 그분의 질책에 귀를 기울이지 않았으니 이제 나는 자신의 손으로 자기 영혼을 죽이는 끔찍한 멸망에 처하게 되었다.

구원의 믿음을 갖는 법

너희가 은혜로 말미암아 믿음을 통해 구원을 받았으니, 이것이 너희로 인한 것이 아니라 하나님의 선물이며, 행위로 인한 것이 아니니 이는 누구도 자랑치 못하게 하려는 것이다. (엡 2:8~9)

하나님은 은혜롭기 때문에 죄악된 사람들을 용서하고 회심시키고 깨끗하게 하고 구원하십니다. 이것은 그들이 구원받을 만한 것을 지니고 있기 때문이 아니라 오직 하나님의 넘치는 사랑과 선하심과 자비와 은혜 때문입니다.

잠시 멈추어 생명수의 샘이 흘러나오는 곳을 상상해보십시오.

하나님과 어린양의 보좌로부터 흘러나오는 맑은 생명수 강을 바라보십시오.(계 22:1) 무한한 하나님의 은혜를 보십시오! 누가 그것을 측량할 수 있겠습니까? 하나님의 다른 모든 성품과 마찬가지로 하나님의 은혜 역시 무한합니다. 하나님은 사랑이시기에 사랑이 차고 넘치십니다.(요일 4:8) 하나님은 선하시며 하나님의 이름 자체가 〈선〉의 준말이라 해도 과언이 아닙니다.

무한한 사랑과 선하심은 하나님의 본질 중 일부입니다. 사람들이 멸망하지 않는 것은 하나님의 인애가 영원하시기 때문입니다.(시 136:1) 죄인들이 그분께 이끌려 용서를 받는 것 또한 그분의 인애가 무궁하기 때문입니다.(애 3:22) 이 점을 확실히 기억하시기 바랍니다. 그렇지 않으면 여러분은 구원의 통로인 믿음을 너무도 강조하는 나머지 그 믿음의 원천인 하나님의 은혜를 잊어버리는 오류에 빠질 수도 있습니다.

믿음은 하나님의 은혜가 우리 안에 일으킨 역사입니다. 성령으로 말미암지 않고는 누구도 예수님을 그리스도라 고백할 수 없습니다.(고전 12:3) 주님은 〈나를 보내신 아버지께서 이끌지 않으시면 누구도 내게 나아올 수 없다〉(요 6:44)라고 말씀하셨습니다. 은혜가 구원을 일으키는 원동력이며 처음이자 마지막입니다.

믿음 역시 중요하긴 하지만 그것은 단지 은혜가 사용하는 수단으로써 중요한 부분일 뿐입니다. 우리는 믿음을 통해 구원을 받았지만 그 믿음은 은혜로 말미암은 것입니다. 대천사의 나팔 소리처럼 이 말씀을 선포하십시오.

은혜로 말미암아 너희가 구원을 받았다. (엡 2:8)

믿음은 물이 흐르는 통로이며, 은혜는 물이 솟아나는 샘입니다. 믿음은 인간의 목마름을 채워줄 은혜의 강물이 흐르는 수로입니다. 수로가 망가지면 우리는 큰 어려움을 겪게 됩니다!

믿음을 얻고 그것을 키우는 방법은 무엇일까요? 이것은 많은 사람에게 매우 중대한 문제입니다. 그들은 믿고는 싶은데 믿어지지 않는다고 말합니다. 이 주제에 관해서는 터무니없는 말들이 많습니다. 이제 이 문제에 대해 보다 현실적으로 생각해보려 합니다.

믿기 위해서는 제가 무엇을 해야 하나요?

가장 빠른 방법은 그저 단순하게 믿는 것입니다. 성령님께서 여러분을 정직하고 신실하게 변화시켜 주시면 여러분은 여러분 앞에 놓인 진리를 즉시 믿게 될 것입니다. 복음의 명령은 단순합니다.

> **주 예수 그리스도를 믿어라. 그러면 네가 구원을 받을 것이다.**
>
> (행 16:31)

이것이 힘들다면 그 문제를 놓고 하나님께 기도하십시오. 위대하신 아버지께 여러분이 겪는 어려움을 있는 그대로 아뢰고 성령님의 도우심을 구하십시오. 저는 책을 읽으면서 이해할 수 없는 구절이 있으면 기꺼이 작가에게 무슨 뜻인지 물어볼 것입니다. 그가 신실한 작가라면 그의 설명은 저를 만족시킬 것입니다. 그러므로 하나님의 설명도 진리를 추구하는 자들의 마음을 충분히 만족시킬 것입니다. 주님은 우리가 그분을 알기 원하십니다. 주님께 나아가서 정말로 그러한지 확인해 보십시오.

또한 성령 하나님은 여러분이 그분께서 믿으라고 명하신 것을 성실하게 반복해서 들었을 때 그것을 믿을 수 있는 힘을 주십니다. 우리는 많은 것을 단순히 자주 들었다는 이유로 믿곤 합니다. 여러분도 살면서 자주 반복해서 들은 것을 결국에는 믿게 된 경험이 있지 않습니까?

어떤 사람들은 이런 과정을 통해 거짓을 믿게 되는 경우도 있습니다. 하지만 〈믿음은 듣는 것에서 나온다〉(롬 10:17)라는 말씀처럼 하나님은 간혹 이런 방법을 통해 사람들로 하여금 진리를 믿게 하시기도 합니다. 성실하고 주의 깊게 복음을 듣다 보면 어느새 성령님께서 우리 마음을 변화시켜서 그것이 믿어지게 됩니다.

사마리아 사람들은 우물가의 여인이 전하는 예수님의 이야기를 듣고 믿었습니다. 우리가 지닌 믿음의 대부분은 다른 사람들이 말하는 간증을 듣고 생겨납니다. 예를 들어 저는 일본이란 나라를 가본 적이 없지만 그곳을 방문한 다른 사람들의 말을 듣고 일본이란 곳이 실재한다는 것을 믿습니다. 또, 저는 죽어본 경험이 없지만 제가 아는 많은 사람이 죽었습니다. 그리고 많은 사람의 증언을 통해 저 또한 장차 죽게 될 것이란 사실을 믿습니다.

그러므로 여러분에게 자신이 어떻게 구원받고 용서받고 변화되었는지 이야기하는 사람들의 말을 잘 들어보십시오. 분명 여러분과 비슷한 사람 중에서 구원받은 사람을 발견할 수 있을 것입니다. 여러분이 도둑이라면 과거에 도둑이었다가 그리스도의 보혈로 자신의 죄를 씻고 정결케 된 사람을 발견할 것입니다. 여러분이 순결치 못한 삶을 살고 있다면 과거에 부정한 삶을 살았지만 깨끗이 씻기고 변화된 사람을 발견할 것입니다. 여러분이 절망에 빠져 있다면 하나님의 백성 중에서 여러분처럼 절망에 빠져 있었는데 하나님께서 구해주신 사람을 발견할 것입니다. 그렇게 하나님의 말씀을 체험한 사람의 이야기를 듣다 보면 성령님께서 여러분을 믿음으로 인도하실 것입니다.

어떤 아프리카 사람이 선교사에게 강물이 때때로 단단하게 얼어서 그 위를 걸어 다닐 수 있다는 이야기를 들었습니다. 그는 선교사가 말한 여러 놀라운 일들을 믿었지만 강물 위를 걸을 수 있다는 이야기만큼은 믿을 수 없었습니다. 그가 영국에 왔을 때 어느 추운 겨울날 얼어붙은 강을 보았지만 그는 감히 그 위를 걸어볼 엄두가 나지 않았습니다. 그는 그것이 강이란 것을 알았고 그 위를 걸으면 분명히 빠져 죽을 것이라고 생각했습니다. 그는 친구가 그 위를 걷는 것을 보기 전까지 얼음 위를 걸을 수 있다는 확신이 없었습니다. 다른 사람이 얼음 위를 걷는 것을 보고 나서야 그는 마침내 믿게 되었습니다. 이처럼 여러분도 다른 사람이 믿고 나서 기쁨과 평안을 찾는 것을 보면 자연스레 믿음을 가지게 될 것입니다. 이것이 하나님께서 우리에게 믿음을 주시는 방법 중 하나입니다.

그보다 더 나은 방법 중 하나는 여러분에게 믿으라고 명령한 분이 누구인지 생각해보는 것입니다. 이것은 여러분의 믿음에 큰 도움이 될 것입니다. 복음을 믿으라는 명령은 제가 한 것이 아닙니다. 만일 그랬다면 여러분은 그것을 거절해도 될 것입니다. 이 명령은 교황이 내린 것도 아닙니다. 만일 그랬다면 여러분은 당연히 거절해야 할 것입니다. 이 명령은 다름 아닌 하나님께서 직접 내리신 것입니다. 하나님께서 여러분에게 예수 그리스도를 믿으라고 명하셨으며 여러분은 창조주의 명령에 순종하는 것이 마땅합니다.

북부의 공장에서 일하는 어떤 감독이 있었습니다. 그는 복음을 자주 듣기는 했지만 자신이 그리스도께 나아가도 될지 확신이 없어서 고민하고 있었습니다. 그의 고용주는 선한 사람이었는데, 어느 날 일하고 있는 그에게 〈일이 끝난 후 즉시 우리 집으로 오게〉라고 적힌 초대장을 주었습니다. 감독이 고용주의 집에 도착해서 문을 두드리자 고용주가 나와서 퉁명스럽게 말했습니다.

> 존, 이 늦은 시간에 왜 나를 귀찮게 하나? 일이 끝났는데 무엇 때문에 이곳에 왔는가?

사장님, 저는 사장님께 일이 끝나고 여기로 오라는 명령이 적힌 초대장을 받았습니다.

그러니까 단지 내게 받은 초대장 때문에 업무가 끝났는데도 내 집에 찾아와서 나를 불러낸 것인가?

사장님의 의도가 무엇인지 이해할 수는 없지만 저는 사장님께 받은 초대장을 근거로 이곳에 올 자격이 있다고 생각합니다.

그렇다면 들어오게, 존. 자네가 읽었으면 하는 또 다른 메시지가 있네.

사장은 그에게 〈수고하고 무거운 짐 진 자들아, 모두 내게로 오라. 내가 너희를 쉬게 하리라〉(마 11:28)라는 구절을 읽게 했습니다.

자네는 그리스도께서 주신 이 초대장을 받고도 여전히 그분께 나아갈 자격이 없다고 생각하는가?

그는 즉시 사장의 말뜻을 이해하고 비로소 자신이 충분히 믿을 자격이 있음을 깨닫고 그리스도를 믿게 되었습니다. 여러분도 마찬가지입니다. 여러분은 충분히 그리스도께 나아갈 자격이 있습니다. 왜냐하면 주님께서 친히 여러분에게 그분을 믿으라고 요구하셨기 때문입니다.

그래도 믿음이 생기지 않는다면 여러분이 믿어야 할 내용이 무엇인지 잘 생각해보십시오. 주 예수 그리스도는 여러분을 대신해 고통당하셨으며, 그분을 믿는 모든 사람을 구원하실 수 있습니다. 이 점은 우리가 들은 복음 중에서 가장 복된 사실입니다. 우리에게 주어진 가장 위로가 되고 신성한 진리입니다. 이것을 깊이 묵상하면서 그 안에 담긴 은혜와 사랑을 찾아보십시오. 사복음서를 묵상하십시오. 바울의 서신서를 묵상하십시오. 그리고 그 안에 담긴 메시지가 신뢰할 만한 것인지 판단해 보십시오.

그래도 신뢰할 수 없다면 다음에는 예수 그리스도의 성품을 묵상해 보십시오. 그리스도께서 어떤 분이며 어떤 일을 행하셨고 현재 어디서 무엇을 하고 계시는지 생각해 보십시오. 그분을 자주 깊이 묵상하십시오. 우리의 주님이며 구세주이신 그분께 직접 자신을 믿으라는 지시를 받으면 여러분의 마음에도 확신이 생길 것입니다. 주님께 직접 지시를 받고도 어떻게 그분을 의심할 수 있겠습니까?

이 모든 일을 하고도 예수 그리스도께 돌아올 수 없다면 분명 여러분에게 무슨 문제가 있는 것이 틀림없습니다. 여러분 자신을 하나님께 온전히 맡기십시오! 하나님의 영께서 여러분의 저항하는 마음을 거두시고 순종하는 마음을 주시기를 기도합니다. 여러분은 교만으로 가득한 반역자이며, 그것이 바로 하나님을 믿지 못하는 이유입니다. 여러분의 반항을 포기하고 무기를 버리고 지혜롭게 여러분의 왕께 항복하십시오.

절망하며 두 손을 들고 〈주님, 제가 항복합니다〉라고 부르짖지 않는 사람은 믿음을 가지기가 쉽지 않습니다. 여러분이 믿음을 가질 수 없다면, 그것은 분명 여러분이 여전히 하나님과 다투며 자신의 의지와 방식을 고집하고 있기 때문입니다. 그리스도께서 〈너희가 서로 영광을 취하고 유일하신 하나님으로부터 나오는 영광은 구하지 아니하니, 어떻게 나를 믿을 수 있겠느냐?〉(요 5:44)라고 말씀하셨습니다. 교만은 불신을 낳습니다. 하나님께 항복하십시오. 그러면 놀랍게도 여러분에게 구세주에 대한 믿음이 생길 것입니다.

목표를 향해 달리기

어떤 사람들은 존경을 받기 위해 신앙생활을 해야 한다고 생각합니다. 세상에는 그저 다른 사람들이 교회에 다니기 때문에 자기도 교회에 나가는 사람이 굉장히 많습니다. 그들은 주일에 교회 가지 않으면 다른 사람들이 안 좋은 시선으로 볼 것 같아서 예배에 참석합니다. 그들은 주변 사람들에게 〈그는 교회에 열심히 다니는 존경받을 만한 사람이다〉라는 말을 들으면 자신의 의무를 다했다고 생각합니다.

만일 여러분도 이런 식의 신앙생활을 원한다면 어렵지 않게 달성할 수 있을 것입니다. 바리새인은 다른 사람에게 칭송받기를 원했고 그들이 원하는 상을 얻었습니다.

> 그러므로 너희는 구제할 때 위선자들이 회당과 거리에서 하는 것처럼 사람들에게 영광을 받으려고 너희 앞에서 나팔을 불지 마라. 내가 진실로 너희에게 말하니, 그들은 이미 그들의 상을 받았다. (마 6:2)

하지만 그것이 정말로 열심히 노력해서 얻을 만한 가치가 있는 상일까요? 저는 사람들에게 존경받기 위해 하는 수고와 노력이 전혀 가치가 있다고 생각하지 않습니다. 적어도 저는 다른 사람이 저를 무엇이라 부르고 저에 대해 어떻게 생각하는지 조금도 신경쓰지 않습니다. 또한, 높은 사람들의 비위를 맞추기 위해 저를 험담하는 것도 전혀 신경쓰지 않습니다. 사람들에게 존경받으려 하는 것은 비굴하고 수치스러운 일입니다. 다른 사람의 존경은 전혀 추구할 가치가 없습니다. 그것이 신앙생활을 통해 얻는 유일한 상이라면 참으로 안타까운 일입니다.

어떤 사람들은 신앙생활을 통해 무언가 이득을 얻기를 추구합니다. 저는 교회에 단지 비즈니스를 위해 출석하는 사업가들을 알고 있습니다. 그들은 자신이 가장 이득을 볼 수 있을 것 같은 종파를 골라서 출석합니다.

그리스도의 제자 중에는 빵과 물고기를 얻기 위해 따르던 사람들이 있었으며, 이런 현상은 오늘날까지 계속됩니다. 사람들은 종교를 통해 무언가 얻기를 바랍니다. 가난한 사람은 교회에서 무언가 구호품을 얻기를 바라며, 사업가는 교회에서 무언가 사업적 이익을 얻으려 합니다. 교회는 의심이 적고 속기 쉽기 때문에 그들은 분명 자신이 원하는 것을 얻을 것입니다. 우리는 불순한 동기로 우리를 따르는 동료를 의심하는 것을 원치 않습니다. 교회는 교인들이 자신의 이득을 위해 기독교를 믿는 척 할 만큼 부패했다고 생각하려 하지 않습니다.

그래서 그들은 쉽게 교회 안으로 숨어들어와 자신이 원하는 것을 얻습니다. 하지만 그 대가로 그들이 지불해야 할 값이 얼마나 큰지 모릅니다! 그들은 금을 얻기 위해 주의 종들을 속였으며 빵을 얻기 위해 위선자로서 주님의 교회에 숨어들었습니다. 그들은 결국 아담이 에덴에서 쫓겨나고 불타는 검에 막혀 생명 나무에 접근할 수 없게 된 것처럼 하나님의 진노를 받고 쫓겨날 것입니다. 그들은 자신이 했던 일이 얼마나 끔찍한 범죄였는지 영원히 후회하게 될 것입니다. 그들은 하나님의 백성이 아니면서도 마치 그런 것처럼 속였으며 양의 탈을 쓴 늑대처럼 울타리 안으로 몰래 침투했습니다.

또한 이와는 다른 종류의 사람들도 존재하는데 그들에 대해서는 조금만 언급하고 넘어가겠습니다. 이들은 자신의 양심을 안정시키기 위해 기독교에 참여하는 부류입니다. 그들이 아주 적은 신앙심만으로도 양심을 안정시키는 것을 보면 참으로 놀랍습니다. 마치 폭풍우가 몰아치는데 바다에 기름 몇 병을 붓기만 하면 그 즉시 잠잠해진다고 말하는 것 같습니다. 저는 그렇게 해본 적이 없으며 앞으로도 그렇게 하지 않을 것입니다. 왜냐하면 저는 그런 호언장담을 믿을 만큼 순진하지 않기 때문입니다. 하지만 어떤 사람들은 폭풍우가 몰아치는 양심에 그저 믿음의 고백을 조금 붓기만 하면 그 즉시 잠잠해진다고 생각합니다. 이것이 얼마나 심각한 결과를 초래하는지 모릅니다.

제가 아는 어떤 사람은 주중에 늘 술에 취해 있으며 부정한 방법으로 돈을 벌지만, 주일에 정기적으로 예배에 참석한다는 이유로 양심의 가책을 조금도 느끼지 않습니다. 또, 어떤 변호사는 자기 길을 가로막는 모든 것을 삼켜 버리기도 합니다. 그는 돈만 벌 수 있다면 가난한 자를 짓밟거나 범죄한 사람을 무죄로 만드는 일을 서슴지 않고 저지르면서 잠자리에 들기 전에 기도를 한 것만으로 양심의 가책을 느끼지 않습니다. 특히 로마주의자 같은 부류의 사람들은 도둑질이나 술에 취하거나 부도덕한 일을 저지르거나 하나님의 이름을 망령되게 일컫는 일을 아무렇지도 않게 생각하면서 금요일에 물고기 외에 다른 음식을 먹는 일은 매우 끔찍한 죄로 여깁니다. 그들은 금요일에 금식하는 것만으로 주중에 지은 모든 죄가 용서받는다고 생각합니다.

그들은 자신의 양심을 잠재우기 위해 종교의 외적인 형태를 필요로 합니다. 왜냐하면 양심은 가장 상대하기 까다로운 불청객과 같기 때문입니다. 불편한 양심을 안고 살아갈 수는 없습니다. 양심의 가책은 세상에서 가장 끔찍한 저주 중 하나입니다. 그것은 태양을 가리고 달빛을 빼앗습니다. 공기 중에 악취를 내뿜으며 풍경의 아름다움과 강물의 장관과 폭포의 장엄함을 느끼지 못하게 합니다. 양심의 가책을 느끼는 사람에게는 어떠한 것도 아름답게 보이지 않습니다. 모든 만물이 그를 질책하기 때문에 그는 누구에게도 질책을 받을 필요가 없습니다. 이런 이유로 사람들은 단지 이런 질책을 잠재우기 위해 기독교 활동에 참여합니다.

그들은 때로 성찬에 참여하며 예배의 자리에 나아갑니다. 틈틈이 기독교 음악을 듣습니다. 약간의 돈을 기부합니다. 때로는 가난한 사람을 위해 집을 짓는 일도 합니다. 그런 식으로 그들은 자신의 양심을 잠재웁니다. 양심이 잠들 때까지 종교의식과 위선의 자장가를 부릅니다. 이 세상에서는 자주색 옷을 입고 호화로운 삶을 살았지만 저세상에서는 지옥에서 고통받으며 갈증에 시달리는 혀를 적실 물 한 방울조차 얻지 못했던 부자처럼 그들의 양심은 죽을 때까지 깨어나지 않습니다.

> 그가 부르짖어 말하기를, 〈아버지 아브라함이여, 저를 긍휼히 여겨 나사로를 보내 그의 손가락 끝에 물을 찍어 저의 혀를 식혀 주소서. 제가 이 불길 가운데 고통받고 있습니다〉라고 하였다. (눅 16:24)

바울 사도는 〈경주장에서 모두가 달리지만 상을 받는 자는 한 명뿐인 것을 너희가 알지 못하느냐? 이렇듯 너희도 상을 받을 수 있도록 달려라〉(고전 9:24)라고 말했습니다. 어떤 사람은 경주에 참가조차 하지 않아서 결코 상을 얻지 못하는 자도 있을 것입니다. 그들은 경주에서 달리지도 않을 것이고 설사 달린다고 하더라도 상을 기대할 만한 달리기는 하지 않을 것입니다.

어떤 사람들은 〈저희는 어떠한 신앙 고백도 하지 않습니다〉라고 말하기도 합니다. 어쩌면 그들에게는 신앙 고백을 하지 않은 편이 나을지도 모릅니다. 왜냐하면 신앙 고백을 했다면 그들은 위선자가 되었을 것이기 때문입니다. 그렇다고 해도 여전히 그들의 이름은 경주 참가자 명단에 기록되어 있지 않으며, 따라서 그들은 상을 받을 수 없습니다. 사업을 할 때 어떤 사람이 자신은 신용 보증을 하지 않겠다고 말한다면 여러분은 그가 부정직한 사람이라고 확신할 것입니다. 마찬가지로 그리스도인으로서 신앙 고백을 하지 않는 사람이 있다면 여러분은 그가 그리스도인이 아니란 것을 확신할 것입니다. 그는 하나님을 두려워하지 않으며 그리스도를 사랑하지도 않고 천국에 대한 소망도 없습니다. 그는 그것을 스스로 고백한 것이나 마찬가지입니다.

저는 사람들이 자신이 그리스도인이 아니란 사실을 그토록 당당하게 고백하는 것을 이해할 수 없습니다. 거리에서 자신을 술주정뱅이라고 당당하게 말하는 사람은 찾아보기 힘듭니다. 일반적으로 사람들은 수치심에 그 사실을 부정하려 합니다. 〈저는 도덕적으로 불순한 자입니다〉라고 말하는 사람은 찾아볼 수 없습니다. 〈저는 어리석고 탐욕스러운 자입니다〉라고 스스로 고백하는 사람은 없습니다. 사람들은 자신의 잘못을 쉽게 인정하지 않습니다. 그런데도 인간이 행할 수 있는 가장 큰 잘못은 너무도 쉽게 인정합니다. 그들은 〈저는 기독교인이 아닙니다〉라고 가볍게 말합니다. 이것은 그들이 하나님께 마땅히 드려야 할 것을 드리지 않겠다고 말하는 것입니다.

하나님께서 그들을 창조하셨지만 그들은 하나님을 섬기지 않습니다. 그리스도께서 죄인들을 구원하시려고 세상에 오셨지만 그들은 그리스도를 인정하지 않습니다. 복음이 선포되지만 그들은 듣지 않습니다. 그들의 집에는 성경이 있지만 그것의 훈계에는 관심을 기울이지 않습니다. 그들은 기독교인이 되기를 서원하지 않습니다. 그렇기에 마지막 날에 그들의 재판은 그리 오래 걸리지 않을 것입니다. 그들의 재판을 위해 법전을 펼치거나 평결문을 검토할 필요가 없습니다. 그들은 용서를 구하지 않았기 때문입니다. 그들의 죄는 그들의 이마에 기록되어 있으며 그들의 뻔뻔함은 파멸의 선고를 통해 온 세상에 공개될 것입니다.

여러분의 이름이 경주 참가자 명단에 등록되지 않는다면 여러분은 결코 천국을 상으로 받을 수 없습니다. 그리스도인이 되려는 시도조차 하지 않는다면 그저 주저앉아 다음과 같이 말하는 것이나 마찬가지입니다.

천국은 나를 위한 것이 아니다. 나는 이스라엘의 유업을 받을 수 없다. 지옥이 오래전부터 나를 위해 준비되어 있으며 나는 〈나의 구속자가 살아계시며 내가 안식을 취할 것이다〉라고 말할 수 없다. 나는 지옥의 고통과 끔찍함을 맛볼 것이다. 왜냐하면 죽음 이후의 거주지는 오직 두 곳뿐인데 내가 재판관의 우편에 속하지 않는다면 내가 던져질 곳은 그 반대편인 영원한 암흑이기 때문이다.

또한, 경주자 명단에 이름이 있지만 올바른 방식으로 출발을 하지 않는 사람들도 있습니다. 잘못된 출발은 매우 안타까운 일입니다. 고대 그리스와 로마의 경주에서 출발을 일찍 한 경주자는 아무리 빨리 달려도 실격이 되었습니다. 출발을 알리는 깃발이 내려지고 나서 출발해야 했습니다. 그렇지 않으면 1등으로 결승선을 통과해도 상을 받을 수 없었습니다. 그렇기에 경주에서 출발을 할 때는 주의를 기울여야 합니다. 신앙의 경주에서도 전력을 다해 달렸지만 출발을 잘못해서 결국 상을 받지 못하는 사람이 있습니다. 어떻게 그럴 수 있을까요?

어떤 사람들은 신앙생활을 할 때 갑자기 큰 도약을 하려고 시도합니다. 그들은 빠르게 믿기 시작하고 얼마 동안은 그것을 유지하지만 처음에 잘못된 방식으로 시작한 탓에 결국에는 믿음을 잃고 맙니다. 그들은 구원을 받으려면 성령님의 감화로 죄의 무게를 느끼고 그것을 고백하며 자신의 행위가 아닌 오직 예수 그리스도를 바라보는 것에 소망이 있다는 사실을 듣습니다. 그런데 그들은 이 모든 것을 그저 귀찮은 사전 작업 정도로 여깁니다. 그래서 그들은 회개도 하지 않고, 성령님께서 그들 안에 선한 일을 행하시도록 기다리지도 않고, 모든 것을 포기하고 그리스도께 전적으로 맡기지도 않고, 우선 믿음의 고백부터 하고 봅니다.

이런 일은 특별히 성도들을 강단 앞으로 나오게 해 신앙 고백을 시키는 교회에서 자주 일어납니다. 그들은 죄에 대한 부담이나 진실한 회개의 필요성을 전혀 느끼지 못한 채 신앙 고백을 합니다. 이것은 마치 상품을 전혀 구비하지 않은 채 상점을 여는 것처럼 실패할 것입니다. 그런 사람은 가시나무로 모닥불을 핀 것처럼 잠시 동안은 시끄러운 소리를 내며 활활 타오를 수는 있지만 머지않아 불이 꺼지고 어둠 속에 사그라질 것입니다. 심지어 그들 중에는 하나님께서 그들의 마음을 변화시킬 필요가 없다고 생각하는 사람이 매우 많습니다!

또, 천국을 향한 경주에 참가하는 경주자 중에는 너무 많은 짐을 짊어지고 달리느라 상을 받지 못하는 자도 있습니다. 가벼운 짐을 짊어질수록 당연히 경주에서 유리합니다. 하지만 어떤 사람들은 엄청나게 무거운 짐을 짊어지고 달립니다.

> 그러자 예수께서 제자들에게 말씀하셨다. 〈내가 진실로 너희에게 말하니, 부자는 하늘나라에 들어가기가 어렵다.〉(마 19:23)

이유가 무엇일까요? 그것은 그가 너무 많은 짐을 짊어지고 있기 때문입니다. 그는 이 세상의 염려와 즐거움을 너무 많이 지니고 있습니다. 하나님께서 그에게 큰 능력을 주시지 않는다면 그는 그 무거운 짐 때문에 경주에서 이길 수 없습니다.

많은 사람이 자기는 당연히 구원을 받을 것이라 생각합니다. 그들은 큰 기쁨으로 말씀을 받지만 얼마 지나지 않아 가시덤불이 자라나 그 말씀을 질식시킵니다. 그들에게는 해야 할 일이 너무 많습니다. 그들은 사는 데 너무 바빠서 언젠가 죽어야 한다는 사실을 잊어버립니다. 참여하는 일이 너무 많아 그리스도와 동행하는 삶을 생각할 여유가 없습니다. 그래서 헌신을 위한 시간을 거의 내지 못합니다. 그들의 일은 새벽 일찍 시작하기 때문에 아침 기도 시간은 줄어들 수밖에 없습니다. 그들의 일은 저녁 늦게 끝나기 때문에 밤에는 기도할 시간이나 여력이 남아있지 않습니다. 그러니 어떻게 그들이 하나님의 일을 생각할 수 있을까요?

그들은 〈무엇을 먹을까? 무엇을 마실까? 무엇을 입을까?〉라는 걱정으로 가득합니다. 그들은 〈하늘에 계신 아버지를 신뢰하면 이 모든 것을 챙겨주실 것이다〉라는 말씀을 성경에서 읽으면서도 〈그렇지 않다〉라고 말합니다. 그들은 오직 하나님만 의지하며 살아가는 사람들을 지나친 광신자라고 여깁니다. 그들은 오직 열심히 일하는 것만이 이 세상에서 필요한 것을 얻을 수 있는 최고의 방법이라고 말합니다. 그들의 말은 옳습니다. 하지만 그들이 잊고 있는 사실이 있습니다. 바로 〈여호와께서 집을 짓지 않으시면 집 짓는 자의 수고가 헛되고, 여호와께서 성을 지키시지 않으면 파수꾼의 수고가 헛되다. 너희가 일찍 일어나고 늦게 집으로 돌아오며 수고로 양식을 먹는 것이 헛되다. 이는 주께서 사랑하는 자에게 잠을 주실 것이기 때문이다〉(시 127:1~2)라는 사실입니다.

두 사람이 달리기 경주를 하고 있습니다. 한 사람은 출발할 때 모든 짐을 내려놓고 출발합니다. 심지어 입고 있던 겉옷까지 벗어 던지고 달립니다. 다른 한 사람은 금과 은이 잔뜩 들어 있는 배낭을 짊어지고 있습니다. 허리에는 장래에 있을 일과 노후에 대한 걱정 등 수많은 염려가 잔뜩 매달려 있습니다. 그는 자기의 짐을 주님께 온전히 맡기는 법을 알지 못합니다. 다른 경주자들이 목표 지점까지 달려나갈 때 그들은 쉽게 지쳐서 뒤로 쳐질 것입니다.

할 수 있다면 우리는 모든 것을 내던지고 오직 〈제가 할 일은 장차 천국에서 하나님을 만날 것을 기대하며 이 땅에서 그분을 섬기는 것입니다〉라고 고백하는 것이 좋습니다. 우리 자신의 일을 하나님께 맡기는 것이 우리 스스로 하는 것보다 더 낫습니다. 자기 힘으로 조각하는 사람은 손가락을 베기 쉽지만, 하나님께 쓰임 받도록 온전히 맡기는 사람은 결코 실수하지 않습니다. 구름 기둥을 따라가는 사람은 바른길을 가지만 그것을 앞질러 가는 사람은 길을 잃어버릴 것입니다.

> **여호와를 의지하고 여호와를 신뢰하는 사람은 복을 받을 것이다.** (렘 17:7)

> **젊은 사자들은 먹이가 없어 굶주릴지라도 여호와를 찾는 사람들은 모든 좋은 것에 부족함이 없을 것이다.** (시 34:10)

예수님은 이렇게 말씀하셨습니다.

> 하늘의 새를 보라. 그것은 씨를 뿌리지도 않고 거두지도 않으며 곳간에 모으지도 않으나 너희 하늘 아버지께서 그것을 먹이신다. 너희는 새보다 훨씬 귀하지 않으냐? 너희 중에 누가 염려한다고 해서 자기 키를 한 규빗이라도 늘일 수 있느냐? 또, 너희는 어찌하여 입을 옷을 걱정하느냐? 들판의 백합꽃이 어떻게 자라는지 생각해보라. 그것은 수고도 하지 않고 옷감도 짜지 않으나, 내가 진실로 너희에게 말하니 솔로몬이 그의 모든 영광으로 차려입은 것도 이 꽃 하나보다 못하였다. (마 6:26~29)

우리는 이스라엘의 하나님을 온전히 신뢰할 수 있습니다.

> 그는 높은 곳에 거하며, 바위의 요새가 그의 피난처가 되고, 양식이 그에게 주어질 것이며, 그의 물이 끊기지 않을 것이다. (사 33:16)

> 오직 너희는 먼저 하나님의 나라와 그의 의를 구하라. 그러면 이 모든 것이 너희에게 더해질 것이다. (마 6:33)

만일 여러분이 이 세상의 짐을 짊어지고 간다면 그것을 들고

서 있는 것만으로 벅찰 것이며 그 짐을 들고 경주를 벌이는 것은 불가능할 것입니다. 잔잔한 물결을 항해할 때는 괜찮을지 몰라도 거친 요단강 물결을 만나면 여러분은 구세주를 찾게 될 것입니다. 소망 없이 죽음을 맞이하는 것은 매우 힘든 일이며 어둠 속으로 마지막 질주를 하는 것은 우리를 두려움에 사로잡히게 합니다. 저는 예전에 자기는 결코 죽지 않을 것이라고 장담하던 한 노인이 숨을 거두는 장면을 봤습니다. 그는 죽음의 문턱에 걸터앉아 〈사방이 어둠뿐이구나! 오, 하나님, 저는 죽을 수 없습니다〉라고 탄식했습니다. 파멸의 강한 손이 그를 벼랑으로 밀어붙이자 그는 공포에 휩싸여 괴로워했습니다. 그는 벼랑 끝에 서서 부들거리며 떨어질 것을 두려워했습니다. 결국 그의 발이 미끄러져 벼랑 아래로 떨어졌을 때 그의 영혼은 영원한 진노의 심연으로 가라앉았습니다.

여러분도 맥박이 희미하고 느리게 뛰는 그때가 되면 구세주를 바라게 될 것입니다. 여러분의 임종을 옆에서 지켜줄 천사를 바라게 될 것이며, 영혼이 육신을 떠날 때 어두운 죽음의 먹구름을 가로질러 여러분을 복된 천국의 거처로 인도해줄 호위대를 필요로 할 것입니다.

너희는 여호와를 만날 만한 때에 찾아라. 가까이 계실 때에 불러라. 악인은 그 길을, 불의한 자는 그의 생각을 버리고 여호와께 돌아오라. 그러면 그가 긍휼히 여길 것이다. 우리 하나님께 돌아오라. 그가 너그러이 용서하실 것이다. 여호와께서 말씀하셨다. 〈내 생각은 너희의 생각과 다르며 내 길은 너희의 길과 다르다. 하늘이 땅보다 높듯이 내 길은 너희 길보다 높으며, 내 생각은 너희 생각보다 높다.〉 (사 55:6~9)

오 여호와시여, 저희를 돌이키소서. 그러면 저희가 주께로 돌아갈 것입니다. (애 5:21)

주님 저희를 주께로 가까이 이끄소서. 그리하면 저희가 주님을 뒤따라 달릴 것입니다. 영광은 오직 주님 것이며 경주에서 획득한 면류관은 주님 발 앞에 놓일 것입니다. 그리고 주님은 영원토록 영광을 받으실 것입니다.

악인의 길

죽은 사람의 시신을 예전처럼 교회 구내의 땅에 묻지 않고 외부의 묘지에 묻는 최근의 장례 방식은 매우 큰 유익이 있습니다. 죽은 자는 산 자들 가운데서 제거되어야 합니다. 안식일에 주님의 전에서 시체가 썩는 악취를 맡으며 예배를 드려서는 안 됩니다. 그렇지만 우리의 매우 가까운 곳에서 시신을 제거함으로써 잃어버리는 이점 또한 있습니다. 특히 요즘 흔히 치르는 것처럼 장례식을 상조사에서 전적으로 대신해주는 경우에는 더욱 그렇습니다. 이제 우리는 더 이상 시신을 흔하게 볼 수가 없습니다. 혼잡한 도시에서 우리는 가끔 시신을 옮기는 검은색

영구차를 보기는 하지만 장례식과 시신을 안치하는 장소는 대부분 우리의 일상과는 동떨어진 곳에서 행해집니다.

저는 장례식 광경을 보는 것이 우리 영혼의 건강에 도움이 된다고 믿습니다. 무덤가를 거니는 것이 우리 몸에 어떤 영향을 줄지는 몰라도 적어도 우리 영혼은 그것을 통해 많은 생각을 하게 될 것입니다. 우리가 예전에 살던 마을에서는 장례식을 알리는 종소리가 마을의 모든 주민에게 그 어떤 설교보다 더 큰 영향을 주었습니다. 우리는 어린 시절 자주 일어나지는 않았던 장례식을 위해 무덤가에 모여 그것을 바라보던 일을 기억합니다. 〈흙은 흙으로, 재는 재로, 먼지는 먼지로〉라는 말을 들으며 우리 마음은 엄숙한 기분에 사로잡혔습니다.

관 위에 덮이는 흙을 보며 우리 마음에는 복음의 좋은 씨앗이 심겼습니다. 어린 시절 무덤 주위에서 놀며 죽은 자의 차갑게 식은 입을 통해 살아있는 자들에게 듣는 것보다 더 오래 기억에 남는 많은 교훈을 얻을 수 있었습니다. 그러나 지금은 죽음을 목격할 기회가 드물어졌습니다. 우리는 아브라함이 했던 것처럼 죽은 자를 우리가 보는 앞에서 내어 매장해야 합니다.

나는 당신들 중에 이방인이며 체류자이니, 내게 당신들 중에

있는 매장지의 소유권 하나를 넘기시오. 그러면 내가 나의 죽은 자를 내가 보는 앞에서 내어 매장할 것이오. (창 23:4)

요즘에는 이런 광경을 좀처럼 보기 힘듭니다. 따라서 우리 마을을 지나가는 이방인은 〈이 사람들은 영원히 살아있나? 이 도시에는 수백만 명이 살지만 장례식이나 죽음의 기미를 본 적이 없다〉라고 생각할지도 모릅니다.

우리는 악인을 하나님의 전으로 인도할 때 그저 그의 팔을 붙잡고 데리고 가는 수밖에 없을까요? 그렇게 해서 그가 교회에 나가기 시작했을 때 특별히 그가 젊은이라면 목회자의 말에 별로 큰 영향을 받지 않을 것입니다. 그는 예배를 드릴 때 전혀 진지하게 생각하지도 않고 경이롭게 여기지도 않습니다. 그는 마치 극장이나 다른 유흥 시설에 가는 것처럼 교회를 주일의 시간을 때우기 위한 수단으로 여깁니다.

그는 교회에 갈 때는 즐거운 마음으로 들어가지만 나올 때는 매우 다르게 진지함과 경이로움을 보입니다. 그는 〈여호와 하나님은 분명히 그곳에 계시며 나는 그것으로 인해 두려워 떨었다. 들어갈 때는 조롱하며 들어갔지만 나올 때는 하나님의 전에 능력이 있음을 고백할 수밖에 없었다〉라고 고백합니다.

그런 그가 영적으로 선한 영향을 받으면 좋겠지만 안타깝게도 그는 집으로 돌아가는 도중에 그의 영혼을 변화시키려는 모든 생각을 던져버리고 까맣게 잊어버립니다. 다음 주에도 그는 교회에 출석해 똑같은 일을 반복합니다. 또다시 주님의 화살이 그의 마음에 단단히 박히지만 그것은 마치 흘러가는 물과 같습니다. 그의 마음은 잠시 찔림을 받지만 금세 회복되며 더 이상 아픔을 느끼지 않습니다. 그가 구원에 이르도록 설득하려고 할 때 그는 마치 귀먹은 독사와 같습니다.

> 그들의 독은 뱀의 독과 같으며, 그들은 귀를 막은 귀머거리 독사와 같아서 뱀 부리는 술사의 소리도 듣지 않고 능숙한 술책도 통하지 않을 것이다. (시 58:4~5)

그에게 무슨 말을 하든 그는 진리에 관심을 보이지 않을 것이며 자신의 길에서 돌이키지도 않을 것입니다. 그는 노년이 될 때까지 그 일을 반복하며 여전히 교회의 좌석을 차지하고 있습니다. 목회자는 여전히 그를 위해 설교하지만 그 설교는 열매를 맺지 못합니다. 그를 위한 자비의 눈물과 공의의 천둥소리는 여전히 계속되지만 그는 결코 변하지 않습니다. 변하기는커녕 오히려 그의 마음은 더욱 단단하고 강퍅해집니다. 그는 더 이상 말씀을 듣고도 두려워 떨지 않게 됩니다. 마치 전쟁터에 나선 말처럼 북소리나 대포 소리를 전혀 두려워하지 않습니다. 그에게 신실한 경고를 하면 그는 〈그것이 저와 무슨 상관입니까? 그것은 악인들을 위한 것입니다〉라고 대답합니다. 그에게 애정 어린 초대장을 보내면 그는 〈지금은 시간이 안 되니 나중에 여유가 될 때 가겠습니다〉라고 말합니다. 그렇게 그는 하나님의 전을 들락날락하기만 합니다. 경첩에 고정된 문처럼 자신의 위치를 고수한 채 오늘은 성소에 들어오지만 내일은 다시 성소에서 물러갑니다. 거룩한 장소에 잠시 들렀다가 다시 자신이 있던 곳으로 돌아갑니다.

때로는 그보다 조금 더 진척을 보이기도 합니다. 바울과 같은 위대한 설교자의 설교를 들었을 때는 두려워 떨며 거의 그리스도인이 될 뻔하기도 합니다. 그는 자신이 진실로 회개했다고 생각하며 그리스도의 교회에 합류합니다. 그는 믿음의 고백을 하지만 그의 마음은 결코 변하지 않습니다. 돼지는 아무리 깨끗이 씻겨도 여전히 돼지입니다. 개는 아무리 토한 것에서 멀리 쫓아내도 본능적으로 그것으로 돌아갑니다.

참된 속담에 따라 〈개는 자기가 토한 것으로 돌아가고 돼지는

씻기더라도 도로 진창 속에 뒹군다〉라는 말이 그들에게 일어났다. (벧후 2:22)

에티오피아인에게 흰옷을 입혀도 그의 피부색은 변하지 않습니다. 표범을 아무리 천으로 덮어도 그것의 무늬를 지울 수는 없습니다.

에티오피아인이 자기 피부를, 표범이 자기 무늬를 바꿀 수 있느냐? (렘 13:23)

인간은 변하지 않습니다. 세례를 받으러 물에 들어간 눈먼 죄인은 물에서 나왔을 때도 눈이 먼 상태 그대로입니다. 성찬식에 참가한 위선자는 빵과 포도주를 먹은 후에도 여전히 위선자입니다. 그는 주님의 만찬에 참여해 빵을 받아서 먹더라도 그 안에 주님을 사랑하는 마음이 없기 때문에 전혀 변화되지 않습니다. 그는 진정한 경건에는 관심이 없으며 그저 악인으로서 변화되지 않은 채 거룩한 장소를 방문할 뿐입니다.

사람들이 이런 일을 할 수 있다는 것이 참으로 기막힌 일이지 않습니까? 저는 한때 설교자들이 사람들에게 열성적으로 구원의 문제에 관해 이야기하는 모습을 보았습니다. 설교자들은 마치 자기 목숨이 걸린 것처럼 간절히 전했으며 사람들은 그들의 말을 듣고 눈물을 흘렸습니다. 저는 그 모습을 보고 그들이 반드시 구원을 받을 것이라고 믿었습니다.

여러분도 친구들을 교회로 인도하여 말씀을 듣게 한 일이 있을 것입니다. 여러분은 설교를 들으며 말씀의 화살이 그들의 마음을 꿰뚫기를 기도했습니다. 여러분은 그 말씀이 친구를 변화시킬 적절한 메시지라고 생각했습니다. 그리고 친구에게 어떤 감정이 일어나는 것을 보고 기뻐했습니다. 여러분은 〈아, 결국 그의 마음은 말씀으로 인해 변화될 것이다!〉라고 믿었습니다. 그런데 참으로 이상하게도 이처럼 거룩한 사랑으로 이끌림 받고도 사람들의 마음은 녹아내리지 않습니다. 그들은 심지어 시내산에서 천둥소리로 경고를 받아도 전혀 두려워 떨지 않을 것입니다. 설사 그리스도께서 직접 육신으로 오셔서 다시 복음을 선포하더라도 그들은 여전히 그분을 믿지 않을 것입니다. 그들은 오래전 그들의 조상이 했던 것처럼 그분을 성읍 밖으로 끌어내어 벼랑에서 던지려고 할지도 모릅니다.

저는 양심이 뜨거운 다리미로 지진 것처럼 무디어질 때까지 교회를 들락날락하는 악인들을 본 적이 있습니다. 그들은 마음이 맷돌처럼 단단히 굳어서 감각이 무디어져 〈자신을 탐욕의 온갖 부정한 일을 하도록 방탕함에 내어줄 때까지〉(엡 4:19) 교회를 왔다갔다합니다.

악인은 하나님의 전 외에도 또 다른 거룩한 장소인 심판석에 앉기도 합니다. 현실의 사법 체계에서도 한때 재판석에 앉아 있던 사람들이 얼마 지나지 않아 반대편의 피고석에 앉는 경우를 볼 수 있습니다.

저는 스스로도 범죄자인 재판관이 재판을 담당할 때 어떤 기분을 느낄지 궁금합니다. 여러분도 알다시피 재판관 중에는 악하고 탐욕스럽고 방탕하고 술주정뱅이인 자들도 섞여 있습니다. 그들은 재판석에 앉아 다른 죄인들을 심판합니다. 하지만 그들이 지난밤에 무슨 일을 했는지 세상 사람들이 알면 〈다른 사람을 심판하는 그 역시 그들과 똑같은 일을 저지르는구나〉라고 탄식할 것입니다.

> 그러므로 남을 판단하는 사람아, 네가 남을 판단하는 그것으로 너 자신을 정죄하는 것이니 너는 변명할 수 없다. 이는 남을 판단하는 너 역시 같은 일을 행하기 때문이다. (롬 2:1)

재판관 중에는 달걀 몇 개를 훔친 것과 같은 가벼운 범죄를 저지른 사람을 심판하면서도 자기는 은행 금고를 털거나 공금 횡령을 저지른 사람처럼 중범죄를 아무렇지도 않게 행하는 사람도 있습니다. 자기가 받아야 마땅할 형량을 다른 사람에게 선고하는 기분은 과연 어떠할지 궁금합니다.

그는 거룩한 장소에 머물러 있으면서도 자신이 지은 죄를 더 이상 죄라고 인식하지 못합니다. 그는 가난한 자들이 심하게 고통받는 것은 그들이 저지른 악행 때문이라고 생각합니다. 그래서 그는 하층민은 억누르고 감시해야 하는 대상으로 여깁니다. 하지만 정작 그들은 자기와 똑같은 죄를 저지른 사람을 심판하는 일은 하지 않습니다. 그는 남들은 억누르고 감시하려 하면서 자기 자신은 전혀 억누르거나 감시하지 않습니다. 다른 사람을 엄중히 감시하며 올바르게 심판하려 하지만 실제 법대로 한다면 그는 정부의 봉급을 받는 것이 아니라 감옥에 가야 할 것입니다.

어떤 악인은 평탄한 삶을 살다가 차분하게 장례식을 치르기도 합니다. 그는 최대한 단순하고 엄숙하게 무덤에 묻히길 원합니다. 이제 그의 장례를 치르는 목회자의 말을 들어보십시오. 만일 그가 하나님의 사람이라면 악인의 장례를 치를 때 그의 성품에 관해 어떠한 말도 들을 수 없을 것입니다. 목회자는 그에게 영생의 소망이 있다고 말하지 않을 것입니다. 그는 단지 그의 무덤에 묻힐 뿐입니다. 목회자는 그가 어떤 식으로 교회를 다녔는지 잘 알고 있습니다. 그가 어떤 자세로 좌석에 앉아 자신의 설교를 들었는지 잘 알고 있습니다. 목회자는 무덤 앞에 서서 자신이 열심히 가르쳤지만 결국 영원히 소망을 잃어버린 자를 위해 슬피 울 것입니다.

또한, 그는 죽은 죄인의 아내에게도 조심스럽게 말을 할 것입니다. 할 수 있는 한 그녀에게 소망을 주고 싶지만 〈제 남편이 천국에 갔으면 좋겠습니다〉라고 말하는 불쌍한 과부에게 아무런 대답도 하지 못하고 침묵할 것입니다. 그리고 다음 주 강단에서 설교할 때 죽은 죄인의 예를 들며 다른 사람들에게 매 주일 그들에게 주어지는 구원의 기회를 놓치지 말라고 경고할 것입니다.

> 그리고 나는 악인이 매장되는 것을 보았는데, 그들은 거룩한 장소를 왕래하던 자들이었으며, 그들이 그런 일을 행했던 그 도시에서 곧 잊혔으니, 이것 또한 헛되다. (전 8:10)

장례식을 성대하게 치르는 것은 우스운 일입니다. 사람들은 멸시를 받아 마땅한 사람이 성대한 장례를 치르는 것을 보고 비웃을 것입니다. 하지만 조용하고 진실하게 치르는 장례식에서는 애도를 표할 것입니다! 결국 우리는 장례식을 통해 판단을 받을 것입니다.

내일 여러분의 뒤뜰을 살펴보십시오. 그곳에는 많은 꽃이 햇빛을 향해 과시하듯 고개를 들고 있습니다. 그것들은 아름다운 꽃잎을 통해 판단을 받으며 여러분은 수수한 색의 밀보다 그 꽃들을 더 좋아할 것입니다. 하지만 그것들의 장례식, 곧 마른 꽃과 잡초가 뽑혀서 불에 태워지는 때까지 기다려 보십시오. 그것들은 거름으로 쓰기 위해 불에 태워질 것입니다. 하지만 밀의 장례식은 아름답습니다. 사람들은 〈추수할 때가 왔다!〉라고 외치며 밀을 거두어 곳간으로 옮길 것입니다. 왜냐하면 그것은 귀한 알곡이기 때문입니다.

우리는 항상 언젠가 죽음을 맞이해야 하는 존재라는 것을 생각하며 살아야 합니다. 저는 죽음을 맞이할 때 사람들로 하여금 〈세상을 더 나은 곳으로 만들려고 애썼던 사람이 떠나갔다. 비록 그의 노력은 투박했지만 그는 정직한 사람이었다. 그는 하나님을 섬기며 사람을 두려워하지 않았다〉라는 말을 듣기 원합니다. 저는 모든 그리스도인의 장례식이 스데반과 같았으면 합니다.

경건한 남자들이 스데반을 장사지내고 그를 위해 크게 통곡하였다. (행 8:2)

사람들은 모두 자신의 수명보다 더 오래 살기를 갈망합니다. 영국 전역에는 염소조차 간신히 올라가는 가파른 바위 언덕이 많이 있습니다. 그런 언덕의 바위마다 사람들의 이름이 잔뜩 새겨져 있는데, 보통 다른 방법으로는 명성을 날리지 못했던 사람들이 그런 곳에 자기의 이름을 새깁니다. 어디를 가든 사람들은 자신이 유명해지기를 원합니다. 이것이 많은 사람이 신문에 기고하는 이유입니다. 그렇게 하지 않으면 유명해지지 못하기 때문입니다. 사람들은 사후에도 자신의 이름을 남길 방법을 수백 가지 발명해냈습니다. 하지만 악인은 그 모든 것이 헛될 것입니다. 그는 결국에 잊히고 말 것입니다. 그에게는 다른 사람의 기억에 남을 만한 것이 아무것도 없습니다.

가난한 자들에게 〈그는 어떤 사람이었습니까?〉라고 물어보십시오. 그러면 〈그는 함께 일하기 힘든 사람이었습니다. 친절하지도 않고 항상 착취하기만 했습니다. 우리는 그를 기억하고 싶지 않습니다〉라고 대답할 것입니다.

그의 자녀들도 그를 완전히 잊을 것입니다.

그가 다녔던 교회에서 〈그는 어떤 사람이었습니까?〉라고 물어보십시오. 그러면 이런 대답을 들을 것입니다.

> 그의 이름은 교인 명부에 적혀있지만 그는 마음을 다한 적이 없습니다. 그는 교회에 출석하기는 했지만 저는 그와 대화를 나눌 수 없었습니다. 그에게는 영적인 부분이 전혀 없었습니다. 그는 일과 스포츠와 정치에 관해 이야기하는 것을 좋아했지만 성경과 예수님에 관해서 이야기하는 것은 좋아하지 않았습니다. 그의 말은 울리는 종소리처럼 공허했으며 그의 안에는 그리스도의 샘이 흐르지 않았습니다.

아무도 그에게 관심이 없으며 그는 곧 잊히고 말 것입니다. 교회는 시간이 흐를수록 다른 사람들로 채워질 것이며 새로운 교인들은 거룩하고 선한 남성도와 아픈 자를 돌보던 여성도와 하나님의 뜻을 위해 힘썼던 청년을 기억할 것이지만, 악인의 이름은 까맣게 잊혀 언급조차 되지 않을 것입니다.

악인이 죽으면 그의 이름은 명부에서 지워지며 그에 관한 기억도 그와 함께 죽습니다. 저는 악인이 죽었을 때 그가 낳았던 악한 것도 그를 따라서 곧 사라지는 현상을 자주 보았습니다. 가령 볼테르Voltaire가 내세웠던 철학을 보십시오. 그가 살아있을 때는 그토록 소란스러웠지만 지금은 어디 있습니까? 그것은 아주 잠깐 지속하다가 곧 사라지고 말았습니다.

톰 페인Tom Paine은 살아있을 때 이신론Deism을 주장하며 기독교 교리를 공격하는 일에 최선을 다했습니다. 하지만 지금은 그에게 관심을 가지는 사람이 누가 있습니까? 소수를 제외하고는 그의 이름을 기억하는 사람은 남아있지 않습니다. 모든 오류와 이단과 분열의 끝은 어떻습니까? 어거스틴Augustine의 이름은 오늘날에도 들을 수 있지만 그를 공격했던 수많은 이단자의 이름은 들을 수 없습니다. 아타나시오스Athanasius가 어떻게 주 예수 그리스도의 신성을 옹호했는지는 모두가 기억하지만 그리스도의 신성을 부인한 아리우스Arius와 그를 따르던 어리석은 자들의 삶에 대해선 기억하는 사람이 없습니다. 이처럼 악인은 세상에서 빠르게 도태되며 사람들의 기억에서 잊힐 것입니다.

그리스도께 나아가기

그리스도께 나아가는 것은 성경에서 매우 자주 등장하는 표현입니다. 그것은 우리 영혼이 자기 의와 죄에서 벗어나 주 예수 그리스도께로 달려가 그분의 의를 피난처로 삼고 그분의 보혈로 인해 우리의 죗값을 치르는 것을 의미합니다. 그리스도께 나아가는 것에는 회개와 자기를 부인하는 것과 주 예수 그리스도를 믿는 것이 모두 포함되어 있습니다. 그리스도께 나아가는 자는 진리를 믿고, 하나님께 신실하게 기도하며, 복음의 가르침에 순종하고, 영혼의 구원을 위해 필요한 모든 것을 지니고 있습니다. 그리스도께 나아가는 것이야말로 죄인이 구원받기 위해 필요한 가장 핵심적인 일입니다. 아무리 말과 행동이 신실하다고 해도 그리스도께 나아가지 않는 사람은 〈여전히 악독과 불의에 매여 있는〉(행 8:23) 자에 불과합니다.

그리스도께 나아가는 것은 우리 영혼이 소생했을 때 가장 처음 일어나는 일입니다. 영혼이 소생했을 때 우리는 즉시 자기 영혼이 타락한 상태에 있다는 것을 깨닫고 그 사실에 두려워 떨게 됩니다. 그렇기에 우리는 피난처를 찾게 되며 그리스도께서 우리를 위한 피난처임을 믿고 그분께 나아가 안식을 얻습니다. 그리스도께 나아가는 것이 없다면 우리 영혼은 죄 안에서 죽은 상태로 깨어나지 못하며, 죽어 있는 영혼은 결코 하늘나라에 들어갈 수 없습니다.

> **나를 보내신 아버지께서 이끌지 않으시면 어느 누구도 내게 나아올 수 없다.** (요 6:44)

아버지께서 이끌지 않으시면 어느 누구도 그리스도께 나아갈 수 없는 이유는 무엇일까요?

우선, 신체적인 결함 때문은 아닙니다. 만일 몸을 움직이고 발로 걷는 일이 그리스도께 나아가는 것에 조금이라도 도움이 된다면 우리는 이미 충분한 신체적 능력을 지니고 있습니다. 어떤 어리석은 도덕률 폐기론자는 〈아버지께서 이끌지 않으시면 어느 누구도 하나님의 전까지 걸어갈 능력조차 없다〉고 주장했습니다. 하지만 그것은 어리석은 주장입니다. 두 다리가 있는 사람은 누구든 사탄의 전까지 쉽게 걸어갈 수 있는 것처럼, 마찬가지로 그는 하나님의 전까지도 쉽게 걸어갈 수 있을 것입니다.

만일 기도를 잘해야만 그리스도께 나아갈 수 있다면 우리는 그것을 하기 위한 어떠한 신체적 결함도 지니고 있지 않습니다. 벙어리가 아니라면 사람은 누구나 쉽게 신성모독을 할 수 있는 것처럼, 마찬가지로 그는 기도하는 것 역시 쉽게 할 수 있을 것입니다. 벙어리가 아니라면 누구나 쉽게 불경건한 노래를 부를 수 있는 것처럼, 마찬가지로 그는 찬양하는 것 역시 쉽게 할 수 있을 것입니다. 이처럼 육신의 능력은 그리스도께 나아가는 일과 큰 관련이 없습니다. 우리는 그리스도께 나아가기 위해 필요한 신체적 능력을 대부분 지니고 있으며, 우리에게 부족한 것은 오직 성령님의 도우심 뿐입니다.

또한, 그리스도께 나아가지 못하는 것은 우리의 정신적 결함 때문도 아닙니다. 저는 다른 일반 책의 내용이 진실이라고 믿는 것처럼 성경에 기록된 내용도 진실이라는 것을 쉽게 믿을 수 있습니다. 그리스도를 믿는 것이 우리 뜻대로 되는 일이라면 저는 다른 사람들을 믿는 것처럼 그리스도 또한 쉽게 믿을 수 있을 것입니다. 그분께서 하신 말씀이 진실이라면 제가 믿을 수 있는지 없는지는 중요하지 않습니다. 저는 다른 사람의 말을 믿을 수 있는 것처럼 그리스도께서 하신 말씀도 믿을 수 있습니다. 우리는 그리스도께 나아가기 위한 정신력을 모두 지니고 있습니다. 우리는 살인이 악하다는 것을 인식하는 것처럼 우리가 짓는 죄 또한 악하다는 것을 인지할 수 있습니다. 우리는 교만한 생각을 할 수 있는 것처럼 하나님을 생각하는 것 또한 할 수 있습니다. 이처럼 우리는 모두 구원을 얻는 데 필요한 정신적인 능력을 이미 갖추고 있습니다. 그러므로 지적인 능력이 부족해서 복음을 받아들이지 못하는 사람은 아무도 없습니다.

구원을 얻기 위해 우리에게 부족한 것은 육체나 정신의 능력이 아닙니다. 비록 인간의 정신이 타락한 탓에 구원에 대해 무능력해진 것은 사실이지만, 그렇다고 해서 우리의 정신적 능력이 부족하여 구원을 얻지 못하는 것은 아닙니다.

타락과 죄로 인해 인간의 본성은 너무도 부패하여 성령님의 도우심이 없이는 스스로 그리스도께 나아가는 것이 불가능하게 되었습니다. 인간의 본성이 부패한 탓에 그리스도께 나아가지 못하는 것을 비유로 설명해보겠습니다. 양을 보십시오. 그것은 자발적으로 풀을 먹습니다. 양이 고기를 먹으려 하는 것은 볼 수 없습니다. 양은 사자처럼 고기를 먹고 살 수 없습니다. 이제 늑대를 보십시오. 늑대가 풀을 먹고 살 수 있습니까? 늑대를 온순하게 길들일 수 있습니까? 그렇지 않습니다. 왜냐하면 그것은 늑대의 본성과 상반되기 때문입니다.

어떤 사람은 〈늑대도 귀와 다리가 있습니다. 그러니 늑대도 목자의 음성을 듣고 그가 인도하는 대로 따라갈 수 있지 않습니까?〉라고 묻습니다.

물론 신체적으로는 늑대가 목자의 음성을 듣고 따라가지 못할 이유는 없습니다. 하지만 그것은 늑대의 본성에 어긋나기에 그렇게 할 수 없습니다. 늑대를 길들일 수 있을까요? 늑대의 흉포함을 없앨 수 있을까요? 때로는 그것이 길들여진 것처럼 보일 때도 있을지 모르지만 그래도 그 안에는 양과 확연하게 구분되는 본질적인 차이가 남아있습니다.

인간이 그리스도께 나아갈 수 없는 이유는 그의 육체나 정신력과 관련된 문제가 아니라, 그의 본성이 너무도 타락한 탓에 성령님의 인도하심을 받지 않는다면 스스로 그리스도께 나아갈 의지나 능력을 지니지 못했기 때문입니다.

한 가지 비유를 더 들어보겠습니다. 어머니의 품에 안긴 아이를 생각해보십시오. 그 어머니에게 칼을 주고 아이의 심장을 찌르게 시키면 어떻겠습니까? 그녀는 매우 분명하게 〈할 수 없다〉라고 대답할 것입니다.

그녀는 원하기만 한다면 아이를 찌를 수 있는 신체적 능력을 지니고 있습니다. 한 손에는 아이를 안고 있고 다른 손에는 칼을 쥐고 있습니다. 아이는 저항할 수 없고 어머니는 아이의 심장을 찌를 만한 충분한 힘을 지니고 있지만, 그럼에도 그녀는 아이를 찌를 수 없습니다. 그녀는 또한 아이를 죽이려는 생각은 품을 수 있지만, 실제로 죽일 수는 없을 것입니다. 그녀의 어머니로서 본성이 자기 영혼을 괴롭게 하는 짓을 하도록 허락하지 않습니다. 그녀는 단지 그 아이의 부모란 이유로 그를 죽일 수 없는 것입니다.

죄인이 그리스도께 나아가지 못하는 것도 이와 같습니다. 그리스도께 나아가는 것은 인간의 본성을 매우 거스르는 일이라 비록 원하기만 하면 충분히 나아갈 신체와 정신의 힘을 지니고 있음에도 불구하고 그들은 그리스도께 나아갈 수 없습니다. 그러므로 아버지께서 그들을 그리스도께로 이끄시지 않으면 그들은 그리스도께 나아갈 수 없으며 나아갈 생각조차 하지 않습니다.

인간은 선천적으로 마음이 눈먼 상태입니다. 그래서 그리스도께서 지신 십자가의 빛나는 영광과 찬란함도 알아보지 못합니다. 인간은 피조물의 놀라움과 하늘에 걸린 무지개와 자연 광경의 장대함은 온전히 볼 수 있습니다. 하지만 그에게 은혜의 언약과 그리스도를 믿는 자들에게 주어진 안위와 구속주의 인격에 관해 이야기하면 그는 마치 귀먹은 사람처럼 알아듣지 못할 것입니다. 그는 마치 아름다운 음악을 들어도 그것을 이해하지 못하는 사람 같을 것입니다.

여러분은 자신이 뜻한 대로 행할 수 있다고 생각하십니까? 여러분은 심지어 하나님의 보좌 앞에서도 자신의 의지는 확고하다고 말할 것입니다. 여러분은 하나님께 헌신하며 온전히 주 예수 그리스도를 바라보기를 원합니다. 하지만 아무리 간절히 원하고 뜻하더라도 성령님의 도우심이 없이는 그렇게 할 수 없다는 것을 깨닫습니다. 하나님의 자녀도 이처럼 영적인 무력함을 느끼는데, 하물며 죄와 허물로 죽어 있는 죄인은 어떻겠습니까? 수십 년 동안 믿음 생활을 한 경건한 성도라 해도 마음으로는 원하지만 행실은 마음먹은 대로 되지 않는 것을 느낍니다. 그러니 아직 믿지 않은 죄인은 의지도 부족할 뿐 아니라 그것을 행할 힘도 부족한 것이 당연하지 않겠습니까?

또, 만일 죄인이 스스로 그리스도께 나아갈 힘이 있다면 어째서 하나님의 거룩한 말씀에는 죄인의 무력한 상태를 설명하는 구절이 그토록 자주 등장하겠습니까? 성경은 〈죄인이 허물과 죄로 죽었다〉(엡 2:1)라고 말합니다. 죽은 자에게는 의지가 없습니다.

그런데 어떤 사람은 〈확실히 시체는 의지가 없습니다. 그런데 저 자신의 힘으로는 그리스도께 나아갈 수 없다면 저는 그냥 아무것도 하지 않고 앉아있어야 하겠습니다〉라고 말하기도 합니다.

이런 말을 하며 가만히 앉아있기만 하는 사람은 결국 파멸을 맞이하게 될 것입니다. 실제로 우리 힘으로 할 수 있는 일은 상당히 많습니다. 하나님의 전에 꾸준히 출석하는 것도 우리 힘으로 할 수 있습니다. 하나님의 말씀을 열심히 연구하는 것도 우리 힘으로 할 수 있습니다. 겉으로 드러나는 죄를 짓는 것을 거부하고 탐닉하고 있는 악행을 그만두고 외적인 삶을 개선하는 것은 모두 우리 힘으로 할 수 있는 일입니다. 이런 일들은 성령님의 도움 없이 우리 스스로 할 수 있는 것입니다. 하지만 진정으로 그리스도께 나아가는 것은 성령님께서 우리를 새롭게 해주시기 전까지 우리 힘으로 할 수 없는 일입니다.

여러분이 그리스도께 나아갈 힘을 지니지 못했다고 해서 하나님께 반항하며 그리스도께 나아갈 생각조차 하지 않고 자기 멋대로 살아도 되는 것은 아닙니다. 그리스도께 나아갈 힘이 없는 것은 오로지 여러분의 완고한 본성 때문입니다. 어떤 거짓말쟁이가 〈나는 진실을 말할 힘이 없기 때문에 거짓말쟁이가 되었고 거짓말을 멈출 수 없다〉라고 말한다면 그것이 납득할 만한 변명거리가 되겠습니까? 오랫동안 방탕하게 살았던 사람이 〈내 탐욕이 마치 쇠로 된 그물처럼 나를 옭아매어 나는 그것을 제거할 수 없다〉라고 말한다면 여러분은 그런 변명에 납득이 되겠습니까? 알코올 중독자가 〈나는 술집을 그냥 지나치는 것이 불가능해서 이렇게 되었다〉라고 말하면 납득이 되겠습니까? 그럴 수 없을 것입니다. 왜냐하면 그가 변화되지 않는 것은 자신의 나쁜 습관을 고치려는 의지를 지니지 않은 탓이기 때문입니다.

과거에 저질렀던 잘못이나 그 잘못을 저지르게 만든 본성이나 둘 다 죄의 뿌리에서 나온 것입니다. 따라서 서로 변명거리가 될 수 없습니다. 에티오피아인이 피부색을 바꾸지 못하고 표범이 점무늬를 없앨 수 없다는 구절은 우리의 악한 본성 때문에 죄짓는 것을 멈출 수 없다고 변명하는 것과 전혀 관련이 없습니다. 여러분이 지금 선을 배우지 못하는 까닭은 과거에 악을 배웠기 때문입니다. 저는 여러분이 가만히 앉아서 변명만 늘어놓는 것이 아니라 무관심을 벗어 던지고 행동하였으면 합니다. 아무것도 하지 않고 가만히 앉아 있기만 한다면 결국 영원한 파멸에 이르게 될 것입니다.

이제 실제적이고 수긍할 만한 교리를 통해 결론을 맺으려 합니다. 그런데 제가 이런 이야기를 하면 어떤 사람은 이렇게 반문합니다.

당신이 가르치는 것이 진실이라면 그동안 제가 믿어왔던 신앙은 어떻게 됩니까? 저는 오랫동안 노력해왔습니다. 저는 〈인간이 자기 힘으로 구원을 얻을 수 없다)라는 당신의 말을 듣기 싫습니다. 저는 인간이 자기 힘으로 구원을 얻을 수 있다고 믿으며 계속 하던 대로 할 것입니다. 만일 제가 당신의 말을 믿는다면, 저는 모든 것을 포기하고 처음부터 다시 시작해야만 합니다.

차라리 모두 포기하고 처음부터 다시 시작하는 것이 여러분에게 좋을 것입니다. 여러분이 지금 하고 있는 일은 모래 위에 집을 짓는 것이며, 제가 그 집을 조금 흔드는 것은 여러분을 위한 사랑의 행위임을 잊지 마십시오. 여러분이 믿는 신앙의 근거가 고작 여러분 자신의 힘에 불과하다면 그것은 분명 하나님의 보좌 앞에서 내세우기에는 터무니없이 부족할 것입니다. 영원한 것에서 나오지 않았다면 어떤 것도 영원히 지속하지 않습니다. 영원하신 하나님께서 여러분 마음에 선한 일을 행하시지 아니하면 여러분이 행한 일은 마지막 날에 모두 물거품이 되고 말 것입니다.

신실하게 교회에 출석한 것도 정기적으로 기도한 것도 모두 헛수고가 될 것입니다. 이웃에게 정직하게 산 것도 평판 좋은 삶을 산 것도 여러분이 그것에 의존하여 구원을 얻으려 한다면 아무런 도움이 되지 않습니다.

그런 것을 의지한다면 결국 여러분에게 아무런 도움도 되지 않을 것입니다. 물론 여러분은 정직하게 살아야 하며 주일을 지키고 할 수 있는 한 거룩한 삶을 살아야 합니다. 여러분에게 그런 일을 하지 말라고 하는 것이 아닙니다. 오히려 더욱 열심히 하며 그로 인해 영적으로 성장하십시오. 다만 그것에 의지해서는 안 됩니다. 만일 여러분이 그것에 의지한다면 그것은 여러분이 가장 필요로 할 때 실망시킬 것입니다. 여러분이 하나님의 도우심이 아니라 여러분 스스로 할 수 있는 것에 소망을 두고 있다면 그것을 빨리 그만두는 편이 낫습니다. 육신이 할 수 있는 일에 소망을 두고 의지하는 것은 좋지 않습니다. 천국은 영적인 것이므로 오직 성령님에 의해 준비된 영적인 사람만이 거할 수 있습니다.

또, 어떤 사람은 이렇게 말합니다.

우리 교회 목사님은 언제든 제가 결심만 하면 회개하고 믿을 수 있다고 말했습니다. 그 결과 저는 여태껏 그것을 미루어 왔습니다. 저는 다른 사람들처럼 어느 때든 〈주님, 제게 자비를 베풀어주소서〉라고 말하며 믿으면 구원을 받을 수 있을 것이라 생각했습니다. 저는 단순히 믿기로 결심만 하면 된다고 생각했습니다. 그런데 당신은 저에게서 이 모든 소망을 앗아갔습니다. 저는 너무도 두렵고 떨립니다.

그 말을 들으니 저는 매우 기쁩니다. 그것이 바로 제가 원했던 결과입니다. 저는 여러분이 그런 기분을 더 많이 느끼기를 소망합니다. 여러분이 자기 힘으로 구원을 얻을 수 있다는 희망을 완전히 버렸을 때, 비로소 하나님께서 여러분의 구원을 이루기 시작하십니다. 여러분이 〈아, 저는 그리스도께 나아갈 수 없습니다. 주님 저를 이끌어 주소서. 저를 도와주소서〉라고 고백할 때 저는 매우 기쁠 것입니다. 비록 여러분에게 그리스도께 나아갈 힘이 없다고 해도 나아갈 마음이 생겼다면 그것은 하나님의 은혜가 작용하기 시작했다는 증거입니다. 그리고 하나님은 이미 시작된 구원의 사역이 끝날 때까지 여러분을 홀로 내버려두지 않을 것입니다.

죄인이여, 여러분의 구원이 하나님 손에 달려 있다는 것을 깨달으십시오. 여러분은 전적으로 하나님 손안에 있습니다! 여러분은 하나님을 대적해 죄를 지었으며, 하나님께서 저주하시면 여러분은 파멸할 수밖에 없습니다. 여러분은 하나님의 뜻에 저항할 수 없으며 그분의 의도를 방해할 수 없습니다. 본래 여러분은 하나님의 진노를 받아야 했습니다. 그렇기에 혹시라도 그분께서 여러분 머리 위에 진노를 퍼붓는다고 해도 여러분은 그것을 막을 방법이 없습니다.

반대로 하나님께서 여러분을 구원하시기로 작정하시면 그분은 여러분을 완전하게 구원하실 수 있습니다. 여러분은 마치 손안에 든 나방처럼 꼼짝없는 상태에 놓여 있습니다. 여러분은 날마다 그분을 비통하게 만듭니다. 여러분이 매일 분노하게 만드는 그분의 뜻에 여러분의 영원한 운명이 달려있다고 생각하면 두렵지 않습니까? 이 사실이 여러분에게 경각심을 주지 않습니까? 만일 그렇다면 저는 매우 기쁠 것입니다. 왜냐하면 그것이야말로 성령님께서 여러분의 영혼을 이끄실 때 일어나는 첫 번째 현상이기 때문입니다. 아, 여러분이 분노하게 하시는 분이 하나님이시며 여러분의 구원과 파멸이 전적으로 그분의 손에 달려 있다는 것을 깨닫고 두려워하십시오!

> 그 아들에게 입 맞추어라. 그렇지 않으면 그가 진노하시며 그의 진노가 순식간에 불타오를 때 너희가 길에서 멸망할 것이다. (시 2:12)

복음의 잔치

구원을 받는 방법은 단순합니다. 주 예수 그리스도를 믿으십시오. 그러면 여러분은 구원받을 것입니다. (행 16:31) 비록 하나님의 모든 규율을 어기고 그분의 은총을 멸시하며 그분의 진노를 유발했지만 그럼에도 여러분에게는 여전히 하나님의 자비가 선포되었습니다.

누구든지 주님의 이름을 부르는 자는 구원을 받을 것이다. (롬 10:13)

이것은 신실하고 누구나 받아들일 만한 말씀이니, 곧 그리스도 예수께서 죄인들을 구원하시려 이 세상에 오셨다는 것이다. 그리고 나는 죄인 중에서도 괴수이다. (딤전 1:15)

아버지께서 내게 주신 자는 모두 내게 나아올 것이며, 내게 오는 자는 내가 결코 내쫓지 않을 것이다. (요 6:37)

그는 자신을 통해 하나님께 나아가는 자들을 온전히 구원하실 수 있으니, 그는 항상 살아서 그들을 위해 간구하신다. (히 7:25)

하나님께서 여러분에게 원하시는 것은 단순합니다. 그저 피 흘려 돌아가신 그분의 독생자를 믿고 그의 손에 여러분의 영혼을 맡기는 것입니다. 하나님의 독생자는 우리를 죽음과 지옥에서 건져낼 수 있는 유일한 분입니다. 이러한 복음이 모든 사람에게 만장일치로 받아들여지지 않는다는 것이 참으로 기막힌 일이지 않습니까? 원래는 〈그를 믿는 자마다 영생을 얻게 하려는 것이다〉(요 3:15)라는 말씀이 선포되자마자 모든 사람이 죄와 허물을 벗어 던지고 예수 그리스도를 붙들며 그분의 십자가만 바라보게 될 것만 같습니다. 하지만 실상은 그렇지 않습니다. 우리의 본성은 너무도 악하고 우리의 성품은 너무도 부패하여 이런 메시지를 들으면 오히려 조롱하고 복음의 잔치에 초대를 받으면 거절하며 많은 사람이 악한 일을 행함으로 하나님과 원수가 됩니다. 그들은 그리스도를 전해주신 하나님을 대적합니다. 그들은 자신의 독생자를 많은 사람의 대속물로 내어주신 하나님을 적으로 삼습니다. 이런 일이 일어나는 것 자체가 매우 기이하지만, 그럼에도 불구하고 그것은 사실입니다. 그리고 이것이 주님께서 그들을 강권하여 나아오도록 명령을 내릴 필요가 있었던 까닭입니다. (눅 14:23)

재산이 많지 않은 것은 하늘나라에 들어가는데 아무런 상관이 없습니다. 하나님은 좋은 옷을 입고 음식을 배불리 먹을 수 없는 사람이라고 해도 그분의 은혜를 거두시지 않습니다. 만일 하나님께서 구별을 하신다면 그것은 오히려 여러분을 위한 구별일 것입니다.

> 하나님께서 이 구원의 말씀을 우리에게 보내셨다. (행 13:26)

> 가난한 자들이 그들에게 선포된 복음을 듣는다. (마 11:5)

여러분은 믿음도 신실함도 선행도 품위도 소망도 없고 모든 사람 중에 가장 비천한 자일지도 모릅니다. 그렇더라도 와서 하나님께서 베푸시는 사랑의 혼인 잔치에 참여하십시오.

> 원하는 자는 누구든 값없이 생명수를 받게 하라. (계 22:17)

여러분은 가난할 뿐 아니라 불구자일지도 모릅니다. 한때 여러분은 하나님의 도움 없이 자신의 힘으로 구원을 성취할 수 있다고 생각했습니다. 선행을 베풀고 종교의식에 참여하면 스스로 천국에 도달할 수 있다고 생각했습니다. 하지만 지금의 여러분은 스스로 아무것도 할 수 없는 영적인 불구자입니다. 율법의 검이 여러분의 손을 내리찍어 더 이상 행위에 의존할 수 없게 만들었습니다. 그래서 이렇게 비통해합니다.

내 손이 행한 최선의 행위조차
감히 주님의 보좌 앞에 내어놓지 못하겠습니다.

여러분은 율법을 준행할 모든 능력을 상실했습니다. 심지어 선을 행하기 원할 때조차 오히려 악이 함께 있는 것을 느낍니다. (롬 7:21) 여러분은 부상당한 상태입니다. 율법의 검에 의해 손이 잘린 상태이기 때문에 스스로 구원을 이룰 모든 시도와 소망을 포기했습니다. 그런데 여러분은 그보다 더 나쁜 상황에 놓여 있습니다. 여러분이 행위로 천국에 갈 수 없다고 해도 믿음의 길을 따라 걸어가기만 하면 천국에 갈 수 있을 것입니다. 하지만 여러분은 손뿐 아니라 발도 불구가 되어 걸을 수 없습니다. 여러분은 믿거나 회개하거나 복음의 조건을 따를 만한 힘이 없다고 느낍니다. 모든 면에서 하나님을 기쁘시게 하는 일은 어떤 것도 할 수 없다는 무력감에 사로잡힙니다. 그런 여러분 앞에 서서 저는 피 묻은 십자가의 깃발을 들고 이렇게 외칩니다.

누구든 주님의 이름을 부르는 자는 구원을 얻을 것이다. 누구든 원하는 자는 값없이 생명수를 받을 것이다.

그런데 또 다른 문제가 있습니다. 바로 여러분이 두 마음을 품고 있다는 것입니다. 여러분은 두 가지 선택지 사이에서 방황합니다. 어떤 때는 심각하게 한쪽으로 기울어 세상의 즐거움을 따라갑니다. 신앙생활의 성장은 매우 더딥니다. 있는 힘을 다해도 겨우 약간의 발전만 있을 뿐입니다. 하지만 이 구원의 말씀은 그런 여러분에게도 전해졌습니다. 비록 여러분은 두 가지 선택지 사이에서 흔들리고 있지만 주님은 다음과 같이 확실한 메시지를 주십니다.

너희는 언제까지 두 의견 사이에서 멈추어 있을 것이냐? 여호와께서 하나님이시면 그분을 따르라. 바알이 참 신이라면 그를 따르라. (왕상 18:21)

너희가 지나온 길을 돌이켜 보아라. (학 1:7)

> 너의 집을 정리하라. 이는 네가 곧 죽을 것이며 살지 못하리라.
> (사 38:1)

> 내가 이것을 행할 것이니, 오 이스라엘아, 너희 하나님을 만날 것을 예비하라. (암 4:12)

그러니 더 이상 머뭇거리지 말고 하나님과 그분의 진리 편에 서기로 결심하십시오.

어떤 사람들은 영적으로 눈이 먼 상태에 있습니다. 그들은 자기 모습을 보지 못하며 실제로는 악으로 가득 차 있으면서도 자신이 선하다고 생각합니다. 쓴 것을 달다고 하고 단 것을 쓰다고 하며, 어둠을 빛이라 하고 빛을 어둠이라 합니다.

> 화 있을 것이다. 악을 선이라 하고 선을 악이라 하며, 어둠을 빛으로 삼고 빛을 어둠으로 삼으며, 쓴 것을 단 것으로 삼고 단 것을 쓴 것으로 삼는 자들아! (사 5:20)

자신이 잃은 자의 상태에 있다는 것을 보지 못하고 죄가 얼마나 죄악된 것인지 알지 못하며 하나님은 공의로우신 분인 것을 믿지 못하는 눈먼 여러분에게 복음을 전하기 위해 저는 보내졌습니다. 구세주를 볼 수 없고, 그분에게서 흠모할 만한 아름다운 것을 보지 못하고(사 53:2), 선행의 훌륭함과 신앙의 즐거움과 섬김의 행복과 하나님 자녀됨의 기쁨을 보지 못하는 여러분에게도 저는 복음을 선포합니다.

길거리와 울타리 곁으로 가서 그들을 강권하여 데려와 내 집을 채워라. (눅 14:23)

우리는 길거리를 거니는 남자와 여자나 여행자의 짐을 뺏는 도둑이나 모든 종류의 사람을 강권하여 하나님의 집으로 데려와야 합니다. 울타리 곁에 피난처를 찾아 누워있는 가난한 자들을 강권하여 데려와야 합니다. 〈그들을 강권하여 데려와 내 집을 채워라〉는 주님께서 내리신 보편적인 명령입니다.

필립 멜란히톤Philip Melanchthon은 〈내 안에 있는 옛 아담이 너무도 강력하다〉라고 말했습니다. 어린아이가 삼손 같은 장사를 대항해 무언가를 하려고 애쓰는 것은 헛된 일입니다. 마찬가지로 우리도 죄인을 육신의 힘으로 그리스도의 십자가 앞에 끌고 오는 것은 매우 힘든 일입니다. 인간의 타락과 무지함은 거대한 산과 같지만 저는 믿음으로 〈스룹바벨 앞의 거대한 산아, 네가 무엇이냐? 너는 깎여서 평지가 될 것이다〉(슥 4:7)라고 선포합니다.

회심하지 않고 화평하지 않고 거듭나지 않은 사람들이여, 저는 여러분을 강권하여 데려와 하나님의 집을 채워야 합니다! 우선 죄의 길에 서 있는 분에게 다시 한번 저의 의무를 말씀드리겠습니다. 천국의 왕께서 여러분에게 은혜로운 초대장을 보내셨습니다. 그분은 이렇게 말씀하셨습니다.

> 주 여호와께서 말씀하셨다. 나는 죽어야 하는 자라도 그가 죽는 것을 기뻐하지 않는다. 그러므로 너희는 돌이켜서 살아라.
> (겔 18:32)

> 여호와께서 말씀하신다. 오너라, 우리가 서로 변론하자. 너희 죄가 주홍 같더라도 눈처럼 하얘질 것이며, 진홍처럼 붉을지라도 양털같이 될 것이다. (사 1:18)

저는 왕께서 여러분에게 하신 말씀을 전해드리려 합니다. 그분은 여러분의 죄악을 모두 아시며 여러분이 스스로 파멸할 것을 미리 아셨습니다. 그분은 자신의 정의가 여러분의 핏값을 요구한다는 것을 알았고 그것을 만족하면서도 여러분을 구원하기 위해서는 예수 그리스도께서 죽어야만 한다는 것을 아셨습니다.

잠시 다음 장면을 상상해보십시오. 겟세마네 동산에서 한 남자가 무릎을 꿇고 피땀을 흘리고 있습니다. 그다음 그는 기둥에 묶여 끔찍한 갈고리가 달린 채찍으로 얻어맞아 마치 피바다에 떠 있는 하얀 섬처럼 어깨의 뼈가 완전히 드러납니다. 그는 손과 발에 못이 박혀 십자가에 매달려 피 흘리고 신음하며 죽어갑니다. 그는 〈다 이루었다〉(요 19:30)라고 말합니다. 나사렛 예수 그리스도는 하나님께서 자신의 정의를 지키면서 우리의 죄를 용서하시기 위해 이 모든 것을 감당하셨습니다. 여러분에게 전하는 메시지는 이것입니다. 〈주 예수 그리스도를 믿으십시오. 그러면 여러분은 구원을 받을 것입니다.〉(행 16:31) 여러분의 행위와 방식에 의존하는 것을 포기하고 그분을 의지하십시오. 죄인들을 위해 자기를 내어준 그분에게 여러분의 마음을 전적으로 드리십시오.

혹시 여러분은 지금은 일 때문에 바쁘니 나중에 저의 말을 듣겠다고 하며 돌아서실 것입니까? 지금 바로 멈추고 제 말을 들으십시오! 저는 단순히 비즈니스를 하기 위해 이야기하려는 것이 아닙니다. 저는 여러분을 강권하여 하나님의 집을 채우기 위해 이야기하는 것입니다. 저는 진심으로 여러분이 하나님의 명령에 따르기를 원합니다.

아직도 이 말을 무시하고 거절하십니까? 그러면 저는 어조를 바꾸어 다시 말씀드리겠습니다. 지금처럼 단지 진심으로 메시지를 전하고 초대하는 것에 그치지 않고 조금 더 나아가려 합니다. 죄인이여, 저는 하나님의 이름으로 여러분이 회개하고 믿을 것을 명합니다. 제가 무슨 권위로 이런 명령을 하는지 궁금하십니까? 저는 하늘의 대사로서 말하는 것입니다. 제가 여러분에게 주 예수 그리스도를 믿으라고 명령하는 것은 저 자신의 권위가 아니라 〈너희는 온 세상을 다니며 모든 피조물에게 복음을 선포하라. 믿고 세례를 받는 자는 구원을 얻을 것이나, 믿지 않는 자는 정죄를 받을 것이다〉(막 16:15~16)라고 말씀하신 주님의 권위로 하는 것입니다.

여러분은 하나님의 권위를 무시하고 거절하실 것입니까? 그렇다면 저는 어조를 바꾸어 제가 아는 하나님에 관해 말씀드리겠습니다. 저 역시 전에는 그분을 조롱했습니다. 주님은 제 마음 문을 두드렸지만 저는 열기를 거절했습니다. 그분은 아침마다 저녁마다 수없이 저를 찾아왔습니다. 성령님을 통해 제 양심을 살피고 저에게 말씀하셨습니다. 마침내 율법이 제 양심을 벼락처럼 내리쳤을 때 저는 그리스도께서 잔인하고 무례한 분이라고 생각했습니다. 아, 저는 그리스도를 그렇게 생각한 저 자신을 결코 용서할 수 없습니다. 하지만 제가 주님께 나아갔을 때 그분은 저를 사랑으로 받아주셨습니다. 저는 주님이 저를 내리치실 것이라고 생각했으나 그분은 분노가 아니라 자비로 맞아주셨습니다. 제가 주님께 나아갔을 때 저는 그분의 눈이 진노의 섬광으로 빛날 것이라고 생각했습니다. 그런데 오히려 주님의 눈은 눈물이 가득하였으며 저를 보자마자 목을 얼싸안고 입맞춤을 하셨습니다. 주님은 저의 넝마를 벗기고 그분의 의로 만든 옷을 입히셨습니다. 그로 인해 저의 영혼은 기뻐 찬양하였고 주님의 교회는 잃었다 다시 찾았고 죽었다 다시 살아난 아들로 인하여 즐거워하며 노래하고 춤을 추었습니다.

그러므로 여러분도 예수 그리스도를 바라보고 기쁨을 누리십시오. 죄인이여, 그리스도를 바라보면 여러분은 결코 후회하지 않을 것입니다. 더 이상 예전의 정죄 상태로 되돌아가고 싶은 마음이 들지 않을 것입니다. 여러분은 애굽에서 탈출해 젖과 꿀이 흐르는 약속의 땅에 들어갈 것입니다. 물론 그리스도인으로 살아갈 때는 무거운 시험이 기다리고 있지만 하나님의 은혜가 그것을 가볍게 만들 것입니다. 하나님의 자녀로 살아가는 것이 기쁘고 즐겁다는 저의 말이 거짓이라면 여러분은 마지막 날에 저를 고발해도 좋습니다. 여러분이 주님의 선하심(시 34:8)

을 맛본다면 그분이 인간의 입술로 설명할 수 없을 정도로 좋으신 분이란 사실을 깨달을 것입니다.

여러분의 개인적인 유익을 생각해보아도 그리스도께 나아오는 편이 훨씬 도움이 됩니다. 하늘의 하나님과 화목하게 지내는 것이 그분의 원수가 되는 것보다 낫지 않겠습니까? 하나님을 대적해서 얻는 것이 무엇이 있습니까? 그분의 원수가 된 것이 여러분을 더 행복하게 합니까? 쾌락을 추구하는 자여, 대답해 보십시오. 여러분이 추구하는 쾌락에서 기쁨을 발견했습니까? 자기 의를 추구하는 자여, 대답해 보십시오. 여러분이 행한 모든 행위에서 안식을 발견했습니까? 자신의 의를 세우려는 자여, 양심이 하는 소리에 귀 기울여 보십시오. 여러분이 행한 일로 인해 행복을 발견했습니까?

> 너희는 어찌하여 양식이 아닌 것을 위해 돈을 지불하느냐? 배부르게 못 할 것을 위해 수고하느냐? 내 말을 열심히 들어라. 그러면 너희가 좋은 것을 먹으며 너희 영혼이 기름진 것을 먹고 즐거워할 것이다. (사 55:2)

저는 진실로 여러분에게 〈네 목숨을 건지기 위해 도망쳐라. 뒤를 돌아보거나 들판에 머무르지 말라〉(창 19:17)라고 권면합니다.

우리를 모든 죄에서 깨끗하게 하는 예수 그리스도의 피의 능력을 믿는 것을 주저하지 마십시오. 여러분은 아직도 냉담하고 무관심한 상태에 있습니까? 맹인이 잔치가 열리는 장소로 인도해주는 사람을 마다하겠습니까? 절름발이가 부축해주는 사람을 마다하겠습니까? 여러분을 하나님의 집에 들어오도록 강권하기 위해 제가 더 강한 말을 사용해야만 합니까?

백발의 노인이라 할지라도 어린아이로 돌아가 그리스도의 손을 붙잡지 않으면 여러분은 자신의 핏값을 치러야 합니다. 이제 잠시 멈추어 생각해보십시오. 여러분은 유일한 구세주인 그리스도를 거부하고 있는 것입니다.

> 누구도 이미 놓인 기초, 곧 예수 그리스도 외에는 다른 기초를 놓을 수 없다. (고전 3:11)

> 다른 이에게서는 구원이 없나니, 이는 하늘 아래 인간 중에 구원받을 수 있는 다른 이름을 주신 적이 없기 때문이다. (행 4:12)

저는 여러분이 예수님을 거절하는 것을 가만히 지켜볼 수 없습니다. 왜냐하면 저는 여러분이 무엇을 놓치는지 알기 때문입니다. 언젠가 여러분이 구세주를 원하게 될 날이 반드시 찾아올 것입니다. 얼마 지나지 않아 여러분의 힘이 약해지는 시기가 다가올 것입니다. 신경은 쇠약해지고 힘은 줄어들고 죽음이 무서운 괴물처럼 여러분 각자의 앞에 나타날 것입니다. 여러분을 집어삼키려는 요단강 앞에서 여러분은 구세주 없이 과연 무엇을 할 수 있습니까? 주 예수 그리스도가 없다면 임종의 순간은 공포스러울 것입니다. 어찌되었든 죽는 것은 두려운 일입니다. 가장 큰 소망을 품고 승리의 믿음을 지닌 자라 할지라도 죽음은 웃어넘길 만한 것이 아닙니다.

보이는 세계에서 보이지 않는 세계로, 필멸에서 불멸로, 한정에서 무한정으로 넘어가는 일은 두렵고 떨리는 일입니다. 그리고 여러분을 인도해줄 천사들의 도움 없이 죽음의 철문을 통과하는 것은 매우 힘겨운 일입니다. 그리스도 없이 홀로 죽는 것은 실로 감당하기 어려운 일이며 그러므로 저는 여러분이 걱정됩니다. 아무런 소망 없이 죽음을 맞이하며 울부짖는 여러분의 모습이 보이는 것 같습니다. 저는 차갑게 식은 얼굴로 관에 누워 있는 여러분의 모습을 보며 〈이 사람은 그리스도를 멸시했으며 그분의 위대한 구원을 무시했다〉라고 생각해야 하는 일을 견딜 수가 없습니다. 지금 제가 여러분을 돕지 않는다면 그때 가서 저는 비통한 눈물을 흘릴 것이며 죽은 이는 눈을 감은 채 저에게 이렇게 비난하는 것처럼 느껴질 것입니다.

> 당신은 저에게 진지하게 경고하지 않았습니다. 당신은 듣기 좋은 설교로 저를 즐겁게 해주기만 했지 간곡히 권고하지 않았습니다. 당신은 바울이 〈그러므로 우리는 그리스도의 대사이니 하나님께서 우리를 통해 너희를 권면하신 것처럼 우리는 그리스도의 이름으로 너희에게 간청하니 너희는 하나님과 화목하여라〉(고후 5:20)라고 말한 뜻을 이해하지 못했습니다.

저는 하나님의 보좌 앞에 서 있는 자신의 모습을 상상해봅니다. 주님께서 확실히 살아계신 것처럼, 심판의 날은 반드시 도래할 것입니다. 여러분은 그 사실을 믿습니까? 여러분은 믿음 없는 자가 아닙니다. 그러므로 여러분의 양심은 성경이 말한 것을 의심하는 일을 허락하지 않을 것입니다. 믿지 않는 척은 할 수 있지만 여러분의 양심은 하나님께서 이 세상을 의로 심판하실 날이 올 것이란 사실을 부정하지 못할 것입니다. 그날에 여러분은 군중 가운데 서 있으며 하나님의 눈은 여러분을 주시할 것입니다. 그것은 마치 주님께서 다른 곳은 전혀 보지 않고 오직 여러분만 바라보고 있는 것처럼 느껴질 것입니다. 하나님은 여러분을 그분 앞에 소환하고 여러분의 죄목을 읽으며 〈저주받은 자들아, 내게서 떠나 마귀와 그의 부하들을 위해 준비된 영원한 불에 들어가라〉(마 25:41)라고 말씀하실 것입니다. 저는 여러분이 그런 일을 겪게 되는 것을 견딜 수 없습니다. 누군가 그렇게 파멸하는 일을 생각만 해도 머리카락이 곤두서는 것 같습니다.

저 역시 마지막 날에 심판대 앞에 설 것인데, 저는 여러분에게 예수 그리스도를 바라보고 그분의 영광스러운 구원을 받으라고 눈물로서 간청하지 않는다면 그날에 목회자로서 할 일을 다 했다고 느낄 수 없을 것 같습니다. 이런 모든 노력에도 불구하고 여러분은 귀를 막고 듣지 않을 것입니까?

그렇다면 저는 어조를 다시 한 번 바꾸어 말하겠습니다. 죄인이여, 저는 사람들이 친구에게 간곡히 말하는 것처럼 여러분에게 간청합니다. 만일 저 자신의 목숨을 위한 것이었다면 여러분에게 말하는 것만큼 열정적으로 간청하지 못했을 것입니다. 그러므로 여러분이 이 간청을 무시한다면 저는 다른 수를 쓸 것입니다. 바로 여러분에게 무슨 일이 일어나게 될지 경고하는 것입니다. 여러분은 이러한 경고를 언제까지나 받을 수 있는 것은 아닙니다. 언젠가 여러분이 복음을 전하는 목소리를 더 이상 듣지 못하는 때가 찾아옵니다. 여러분이 죽음으로 인해 차갑게 식어버리는 날이 이르면 더 이상 경고하는 소리는 들리지 않을 것입니다. 그 대신 여러분에게 경고하던 내용이 실현될 것입니다. 더 이상 용서나 자비나 평화를 가져올 피의 약속이나 선포가 없을 것입니다. 대신 여러분은 복음의 선포가 금지된 황폐한 땅에 있을 것입니다.

그러므로 지금 여러분의 양심에 울려 퍼지는 이 목소리에 귀 기울이십시오. 그렇지 않으면 하나님께서 여러분에게 불같은 진노로 이렇게 말씀하실 것입니다.

> **내가 불렀으나 너희는 거절하였고, 내가 손을 내밀었으나 아무도 반응하지 않았으며, 너희가 내 모든 조언을 무시하고 나의 책망을 거부하였으므로 나도 너희가 재앙을 당할 때 비웃으며 너희에게 두려움이 임할 때 조롱할 것이다.** (잠 1:24~26)

죄인이여, 저는 다시 경고합니다. 이제 여러분이 이런 경고를 들을 시간이 얼마 남지 않았습니다. 와서 심판의 약속을 받아들이십시오. 저는 아무런 이유 없이 여러분을 겁주려 하는 것이 아닙니다. 저는 하나님께서 예비하신 복음의 잔치에 참여하도록 여러분을 이끌려고 하는 것입니다. 저는 지치거나 포기하지 않고 반복해서 여러분에게 이야기할 것입니다. 여러분을 그리스도에게서 멀어지게 하는 것이 무엇인가요? 어떤 사람은 이렇게 말합니다.

저는 제가 지은 죗값이 너무 무겁게 느껴져서 그렇습니다.

그렇지 않습니다. 그것은 여러분을 그리스도에게서 멀어지게 하지 않습니다.

그렇지만 저는 죄인들의 괴수입니다.

그렇지 않습니다. 죄인의 괴수는 이미 오래전에 죽어서 천국에 갔습니다. 그의 이름은 다소스의 사울이었으며, 그는 후에 바울 사도가 됩니다. 그는 자신이 죄인의 괴수라고 했으며, 저는 그가 진실을 말했다고 생각합니다. 그래도 여러분은 자신이 너무 악해서 그리스도께 나아갈 수 없다고 생각합니까?

아무리 여러분의 죗값이 무겁다고 할지라도 죄인의 괴수인 바울보다는 무겁지 않을 것입니다. 하지만 만일 여러분이 그보다 더 무거운 죗값을 지녔다고 한다면 그것이야말로 여러분이 그리스도께 나아가야만 하는 이유이지 않겠습니까? 상태가 더 안 좋은 사람일수록 의사가 필요한 법입니다. 가난한 사람일수록 구제의 도움이 필요한 법입니다. 그리스도는 여러분의 어떠한 공로도 원하시지 않습니다. 그분은 값없이 주시는 분입니다. 여러분의 죗값이 무거우면 무거울수록 여러분은 그리스도께 더욱 환영받을 것입니다.

한 가지 질문할 것이 있습니다. 여러분은 그리스도와 떨어진 상태에서 죄짓는 것만 멈추면 지금보다 더 나아질 것이라고 생각하십니까? 그렇게 생각한다면 여러분은 여전히 구원의 길에 관해 거의 모르고 있는 것입니다. 여러분이 그리스도에게서 떨어져 있는 시간이 길면 길수록 여러분의 상황은 더욱 악화되고 소망은 더욱 약해지며 절망은 더욱 커집니다. 사탄은 여러분을 더욱 단단히 옭아맬 것이며 여러분의 희망은 그 어느 때보다 희박해질 것입니다. 그러니 어서 그리스도께 나아오십시오. 지체해서 여러분에게 유익이 될 것은 없으며 오히려 지체할수록 모든 것을 잃게 될 것입니다.

또, 어떤 사람은 〈저는 도저히 믿음이 생기지 않습니다〉라고 말합니다. 여러분, 먼저 믿음의 대상을 바라보기 전에는 결코 믿음이 생기지 않습니다. 저는 여러분에게 믿으라고 강권하는 것이 아니라 먼저 그리스도께 나아오라고 강권하는 것입니다.

이 두 가지가 무엇이 다를까요? 바로 이것입니다. 처음부터 〈나는 어떤 것을 믿고 싶다〉라고 말한다고 해서 믿어지는 것이 아닙니다. 우선 〈내가 믿고자 하는 대상이 무엇인가?〉라는 질문부터 시작해야 합니다. 믿음은 추구할 때 얻어지는 것입니다. 우리가 가장 먼저 해야 할 일은 믿으려고 노력하는 것이 아니라 그리스도와 함께 하는 것입니다. 그러니 갈보리 언덕으로 나아와 십자가를 바라보십시오.

하나님의 아들을 바라보십시오. 그분은 하늘과 땅을 지으셨고 여러분의 죄를 위해 죽으셨습니다. 그분을 보십시오. 그 안에 여러분을 구원할 능력이 없겠습니까? 긍휼로 가득한 그분의 얼굴을 바라보십시오. 그분의 마음에 여러분을 구하려는 사랑이 없습니까? 오 죄인이여, 그리스도를 바라보는 것이 여러분의 믿음에 도움이 될 것입니다. 먼저 믿으려 하지 말고 우선 그리스도께 나아가십시오. 그렇지 않으면 여러분의 믿음은 쓸모없게 될 것입니다. 믿음이 없어도 일단 그리스도께 나아가 여러분 자신을 그분께 온전히 맡기십시오.

어떤 사람은 〈목사님, 제가 지금까지 얼마나 많이 초청을 받았고 얼마나 오랫동안 주님을 거절해왔는지 아십니까?〉라고 말합니다. 저는 여러분이 얼마나 오랫동안 주님께 나아오기를 거부했는지 알지 못합니다. 제가 아는 것은 단지 주님께서 저를 보내어 여러분에게 강권하여 주님의 집을 채우라고 명령하신 사실입니다. 그러니 이제 저와 함께 주님께 나아갑시다. 이전에 수많은 복음의 초청을 거부했던 사실은 걱정하지 마십시오. 이미 복음을 많이 들었다고 해서 염려치 마십시오.

그런 변명을 계속 늘어놓는 것은 공허할 뿐입니다. 여러분이 수년 동안 그리스도를 무시하며 살아왔다면 이제부터는 더욱 그리스도를 무시하지 않아야 하는 이유를 지니고 있는 것입니다. 아직 여러분에게 적절한 시기가 되지 않아서 그리스도께 나아올 수 없습니까? 그렇다면 그 적절한 시기는 언제 찾아옵니까? 여러분이 지옥에 가고 난 후에 찾아옵니까? 죽음의 문턱에 섰을 때 찾아옵니까? 날씨가 더워지면 찾아옵니까? 아니면 추워지면 찾아옵니까? 여러분의 삶이 고통으로 가득하고 무덤의 경계선에 섰을 때가 적절한 시기입니까?

저는 여러분을 내일 그리스도께 나아오게 하라고 명령받은 것이 아닙니다. 제가 여러분에게 전하는 초대장의 내용은 이렇습니다.

오늘 너희가 그분의 음성을 듣는다면 격노하시던 때처럼 너희 마음을 완고하게 하지 마라. (히 3:15)

여호와께서 말씀하신다. 오너라, 우리가 서로 변론하자. 너희 죄가 주홍 같더라도 눈처럼 하얘질 것이며, 진홍처럼 붉을지라도 양털같이 될 것이다. (사 1:18)

그런데 어찌하여 여러분은 주님께 나아오는 것을 미루려 합니까? 이것이 여러분이 받을 수 있는 마지막 경고일지도 모릅니다. 다시는 이처럼 진지하게 복음을 논하는 일이 없을지도 모릅니다. 지금의 저처럼 여러분에게 간청하는 사람이 더 이상 없을지도 모릅니다. 여러분이 떠나면 하나님은 〈그가 우상들과 연합했으니 그를 내버려 두어라〉(호 4:17)라고 말씀하실지도 모릅니다. 주님은 여러분의 목에 고삐를 채우실 것이며 여러분의 길은 멸망으로 속히 이어질 것입니다.

이렇게까지 말했는데도 여전히 그리스도께 나아올 생각이 없습니까? 그러면 제가 더 이상 무엇을 할 수 있겠습니까? 제가 시도할 수 있는 방법은 이제 한 가지밖에 남지 않았습니다. 바로 여러분을 위해 눈물을 흘리며 기도하는 일입니다. 그것이 싫다면 저를 질책해도 상관없습니다. 원한다면 지나치게 열성

적이라고 비웃어도 좋습니다. 그것으로 여러분을 탓하거나 최후 심판 날에 고소하지 않을 것입니다. 여러분이 저에게 하는 모욕은 그것을 실행하기도 전에 용서될 것입니다. 하지만 제가 전하는 메시지는 여러분을 사랑하는 주님의 메시지라는 사실만큼은 잊지 마십시오. 여러분은 자신의 영혼 문제를 가볍게 여기며 마귀와 놀아날 수 있지만 적어도 여러분의 영혼을 심각하게 걱정하는 한 사람이 있다는 것을 기억하십시오. 다시 말씀드리지만, 저는 말로서 안 된다면 눈물로 호소할 것입니다. 복음을 전하는 사람에게 말과 눈물은 사람들을 강권하여 하나님의 집을 채우는 수단이기 때문입니다.

얼마 전에 한 청년에 관한 이야기를 들었습니다. 그의 아버지는 그가 그리스도께 나아오기를 간절히 원했습니다. 하지만 그는 믿지 않는 사람들과 어울렸고 지금은 날마다 죄의 길을 걸으며 살고 있었습니다. 저는 그 불쌍한 아버지의 창백한 얼굴을 보았습니다. 그가 더욱 상처받고 슬픔에 잠길 것 같아서 자세한 이야기를 들려 달라고 하지는 못했습니다. 저는 그와 같이 선한 노인이 슬픔을 안은 채 무덤에 가는 것이 안타깝습니다.

청년이여, 여러분은 자신을 위해 기도하지 않지만 여러분의 어머니는 여러분을 위해 간절히 기도합니다. 여러분은 자신의 영혼을 걱정하지 않지만 여러분의 아버지는 여러분의 영혼을 위해 근심합니다. 하나님의 자녀들이 모여서 기도한다는 말을 듣고 그곳에 참여한 적이 있습니다. 그곳에 모인 사람들은 자기 영혼의 구원을 위해 기도할 때보다 믿지 않는 자식의 영혼을 위해 기도할 때 더욱 근심하고 신음하며 간절했습니다. 이처럼 우리는 여러분의 영혼을 위해 어디든 갈 준비가 되어 있는데 여러분 자신은 여전히 자기 영혼과 영원한 것에 대해 아무런 관심이 없다는 사실이 이상하지 않습니까?

명백한 죄인들에게 주는 경고

가인은 악한 자였으며 그의 형제를 살해했습니다. (창 4) 가인의 길은 설명하기 어렵지 않습니다. (유 1:11) 가인은 너무 교만해서 자신의 죄를 위해 속죄 제물을 드리지 않고 자신의 방식대로 제물을 드렸습니다. 그가 드린 제물은 피 흘림이 없는 제물이었습니다. 그는 믿음으로 순종하는 것을 증오했습니다. 그래서 믿음이 충만한 아벨을 죽였습니다.

교만하고 자기 의로 가득한 자여, 가인의 길을 잘 보고 주의하십시오. 그래서 여러분도 그와 같은 길을 걷지 않도록 하십시오. 교만과 자기 의는 진실한 믿음을 증오하고 죽이려 하기 때문입니다. 모든 악한 행위의 씨앗은 스스로 정의롭다고 생각하는 교만한 마음에서 나옵니다. 그것이 완전히 익어서 모습을 드러내는 일이 자주 일어나지 않는 것은 하나님의 은혜 덕분입니다. 자신의 공로를 자랑하는 자여, 첫 번째 순교자 아벨의 짓이겨진 시신을 보십시오. 그것이 여러분의 반역적인 자만심이 완전히 자라났을 때 드러나는 모습입니다. 주님, 우리를 모든 교만과 자랑과 자기 의와 그리스도의 십자가를 미워하는 것에서 구원하여 주소서. 우리 중에는 형제의 피 소리가 땅에서부터 하나님께 부르짖게 만드는 자들이 매우 많습니다. (창 4:10 참조)

형제의 피 소리가 땅에서부터 부르짖게 만드는 부류 중에는 순진한 여인을 꾀어 간음하게 만드는 바람둥이가 있습니다. 그는 아첨하는 말로 사랑을 이야기하지만 그의 혀 밑에는 독사의 독이 숨겨져 있으며 그의 마음은 육신의 정욕으로 가득합니다. 그는 마치 아름다운 성전에 경배하러 온 신자처럼 다가오지만 결국 끔찍한 신성모독을 하며 순결한 장소를 마귀의 소굴로 바꾸어 놓은 후 떠나갑니다.

그런 사람은 사회생활을 할 때 신사로서 존경받지만 그가 간음하게 만든 여인은 마치 창녀처럼 밤의 그림자 속에 숨어 지내야 합니다. 사람들은 그 여인의 죄를 용서하지 않지만 그녀와 간음한 남자는 점잖고 존경할 만한 사람으로 여깁니다. 그는 명예와 신뢰의 자리에 앉으며 그에게 손가락질하는 사람은 아무도 없습니다. 그런 그에게 경고의 말을 전하려 합니다. 선생이여, 당신과 간음하여 타락한 불쌍한 자매의 피 소리가 하늘을 향해 부르짖고 있습니다. 마지막 심판의 날에 그녀의 저주가 당신에게 임할 것입니다. 당신으로 인해 그녀가 겪은 모든 수치가 당신의 문 앞에 엎드릴 것입니다. 지옥의 끔찍한 광경 속에서 어둠을 뚫고 그녀가 뱀 같이 번뜩이는 눈으로 당신의 영혼을 노려보며 이렇게 말할 것입니다.

> 당신은 나를 속여서 함정에 빠지게 했어요. 당신의 팔로 나를 지옥으로 끌어당겼고, 여기서 나는 영원한 파멸에 이르게 한 당신을 영원히 저주할 것이에요.

당신은 죽어서 그곳에 내려갔을 때 그 모습을 심각하게 바라볼 것입니다. 당신을 자기 영혼처럼 사랑했던 그 여인은 당신을 우상화했고 천사처럼 생각했습니다. 그런 당신에게 저는 하나님 앞에서 한마디 해야겠습니다. 당신은 그녀를 파멸시켰습니다. 그런 다음 어떻게 했습니까? 그녀를 마치 오물처럼 시궁창에 내던졌습니다. 그곳에서 그녀는 절망에 빠졌습니다. 왜냐하면 당신은 그녀에게 신과 같은 존재였는데 그녀는 그런 당신에게 버림받았기 때문입니다. 그녀의 절망은 끔찍한 결과로 이어졌고 파멸은 더욱 깊어졌습니다.

그녀는 마침내 죽었고 당신은 더 이상 그녀에 관한 이야기를 듣지 않아도 되기에 기뻐했습니다. 선생이여, 당신은 결국 그것을 들을 것입니다! 당신이 사는 동안 그녀의 혼이 당신을 쫓아다닐 것입니다. 당신이 미래를 위해 계획한 더러운 유희를 즐기는 동안에도 그것은 당신을 따라다닐 것입니다. 당신이 임종을 맞이할 때 그녀는 침실에 나타나 손가락으로 당신의 머리카락을 꼬며 당신의 영혼을 끌고 악한 자들을 위해 예비된 지옥으로 끌고 내려갈 것입니다. 당신은 당신을 신뢰했던 그녀의 피를 흘리게 했으며 그녀를 마귀의 도구로 전락시켰습니다! 하나님께서 당신을 구하시지 않는다면 당신이 받을 저주는 일곱 배가 될 것입니다. 아, 마귀의 자식이여, 하나님께서 당신이 받아야 할 대가를 치르게 하신다면 당신에게 임할 저주가 어떻겠습니까? 이 말이 너무 신랄하다고 느껴집니까? 이것은 제가 실제로 하고 싶은 말에 비하면 절반 수준으로 양호한 편입니다. 할 수만 있다면 당신의 영혼을 경멸하는 말을 하고 싶지만 그

대신 소망이 있는 소식을 전하고 싶습니다. 그것은 지금이라도 당신이 잘못된 길에서 돌이켜 구세주의 보혈에 의지하면 이 큰 죄악을 용서받을 수 있다는 것입니다.

또, 형제의 피 소리가 땅에서부터 부르짖게 만드는 부류 중에는 젊은이에게 죄를 교육하는 자들이 있습니다. 이들은 사탄의 리더들입니다. 그들은 부패한 마음을 지닌 악한 자들이며 악의 새싹들이 자라나 범죄의 열매를 맺는 것을 보고 희열을 느낍니다. 어떤 사람들은 악한 눈을 지녔으며 자신이 죄를 짓는 것을 사랑하는 것만이 아니라 다른 사람이 죄짓는 것까지 기뻐합니다. 그들은 처음으로 불경한 말을 내뱉은 아이들의 등을 두드리며 격려하고 그가 처음으로 도둑질을 했을 때 잘했다며 보상을 줍니다.

사탄은 자기에게 속한 주일학교 교사들을 보유하고 있습니다. 지옥의 선교사들은 한 명의 개종자를 얻기 위해 바다와 땅을 건너 여행하며 그를 자기들보다 열 배나 더 지옥의 자녀로 만듭니다. 그런 불한당 한 명이 마을 통째로 저주받게 만들며 대도시의 거리마다 그런 사람이 없는 곳이 없습니다. 불한당이여, 당신의 그물로 사람들을 얽어매려 합니까? 마치 거미처럼 한 가닥씩 거미줄을 치며 희생자를 옭아맨 다음 바알세불의 둥지로 끌고 내려갈 작정입니까? 만일 그렇다면 당신에게 희생된 형제의 피 소리가 땅에서부터 부르짖을 것입니다. 그리고 심판의 날에 이것은 당신이 부정할 수 없는 증거가 될 것입니다. 당신의 죄악된 교육을 통해 파멸한 영혼들의 피가 당신을 고발하는 증인이 될 것입니다. 소중한 생명을 사냥하는 자여, 각오하십시오!

또, 부패한 사람 중에는 젊은 회심자들 앞에 걸림돌을 놓고 그것을 자랑하는 자들이 있습니다. 그들은 어떤 사람의 양심이 조금이라도 발동하는 모습을 보면 그들을 비웃고 조롱하고 손가락질합니다. 기도 모임에 참석하려는 아내를 가로막는 남편이 얼마나 많습니까! 성령님의 역사를 느끼고 성경을 읽으며 기도하고 삶을 변화시키기 시작한 친구를 조롱하는 젊은이가 얼마나 많습니까! 한 사람이 무릎 꿇고 기도할 때 많은 사람이 그를 비웃고 모욕하는 일이 이곳 런던에서도 너무나 자주 일어납니다. 그들은 자기만 멸망하는 것으로 만족하지 않습니다. 마치 사슴을 쫓는 사냥개처럼 악인들도 경건한 자들을 사냥하러 쫓아다닙니다.

어둠의 군사여, 당신은 영혼을 파멸시키는 덫을 놓을 때 가장 더할 나위 없이 행복해 보입니다. 그런 당신에게 저는 엄숙히 경고합니다. 하나님의 복수하는 천사가 검으로 당신의 목을 내리쳐 살아계신 하나님의 종들을 파멸시키려 노력하는 것이 얼마나 끔찍한 일인지 깨닫게 만들기 전에 저의 경고에 주의를 기울이십시오.

또, 형제의 피 소리가 땅에서부터 부르짖게 만드는 사람 중에는 불경건한 자들이 있습니다. 그들은 혼자서 죄를 짓는 것에 만족하지 않고 자신의 악한 생각을 출판하여 많은 사람에게 알립니다. 높은 곳에 올라가 전능하신 분 앞에서 신성모독을 하며 영원한 것을 부정하고 성경을 거룩하지 못한 농담의 주제로 삼으며 기독교를 웃음거리로 삼습니다. 만일 여러분이 이런 일을 한다면 주의하십시오. 장래에 여러분 앞에 비극이 펼쳐질 것입니다.

하나님의 목회자들보다 훨씬 부지런하게 마을과 마을을 다니며 벽마다 포스터를 붙이고 사람들에게 상스러운 것을 전파하는 자들에 관해서는 제가 무슨 말을 해야 할까요? 그들은 순결하고 사랑스럽고 선한 것과는 반대되는 이야기를 떠들며 듣는 사람들의 뺨을 그들의 색으로 물들입니다. 그것은 지극히 높으신 분을 대적하는 끔찍한 일이며, 다윗은 그런 자들이 하는 말을 들었을 때 〈주의 법을 버린 악인들로 인해 제가 맹렬한 분노에 사로잡혔습니다〉(시 119:53)라고 했습니다.

그런 자에게 저는 〈형제의 피 소리가 하나님께 부르짖는다〉라고 경고합니다. 당신이 현혹한 젊은이와 당신이 미혹한 일꾼과 당신이 가르친 노래를 부르는 죄인과 당신의 술잔으로 중독된 영혼과 당신이 속인 수많은 사람이 마지막 날에 당신에게 손가락질하며 당신의 파멸을 요구할 것입니다. 왜냐하면 당신이 그들을 꾀어 저주를 받게 했기 때문입니다.

또, 신실하지 못한 목회자들에게는 제가 무슨 말을 해야 할까요? 그들은 하나님의 말씀을 선포하도록 성령님의 부르심을 받은 영혼의 파수꾼이지만 주님의 제단에서 증거를 전하지는 않고 잠에 빠져 있는 상태입니다. 제사장들이 하나님의 제단에서 이스라엘 백성에게 율법을 낭독하는 것처럼 사람들은 그들의 입술에서 나오는 말에 주의를 기울이며 기다립니다. 하지만 그는 반쯤 잠이 든 상태에서 자신의 의무를 억지로 수행합니다. 그래서 듣는 사람들도 기독교 신앙을 별로 진지하게 여기지 않으며 함께 잠이 듭니다.

거룩한 삶을 살지 않는 목사는 또 어떻습니까? 강단 밖에서 행하는 그의 부패한 행실은 강단에서 전하는 말씀의 능력을 상실케 합니다. 그는 성령의 검을 무디게 만들었으며 하나님의 군사를 전장에서 이탈하게 했습니다.

어떤 목사는 청중의 양심을 뒤흔들지는 않고 그저 듣기 좋은 말과 웃기는 이야기로 사람들을 즐겁게 하는 일에 열중합니다. 그는 하나님의 심판을 선포하는 것보다 세련된 설교문을 작성하는 것에 더 주의를 기울입니다. 모세가 광야에서 놋뱀을 높이 든 것처럼 그 역시 강단에서 그리스도를 높여야 하지만 그는 그저 케케묵은 도덕성만 전하고 있습니다.

한때는 행복하고 평화롭고 풍요로웠던 그리스도의 교회에 다툼과 분열을 조장해 성도들이 떠나가게 만드는 사람에 대해서는 제가 무슨 말을 해야 할까요? 또, 강단에서 가장 심각한 주제에 관해 이야기할 때 농담처럼 말하는 사람에 대해서는 무슨 말을 해야 할까요? 그는 사람들이 진리를 거짓으로 생각하고 기독교를 종교의식으로, 기도를 무능력한 것으로, 하나님의 영을 착각으로, 영원한 것을 농담으로 여기게 만드는 일에 모든 열정을 쏟아붓습니다. 믿음이 없고 거룩하지 않으며 열정이 없는 그리스도의 목회자야말로 가장 불쌍한 자들입니다! 아니, 오히려 그들은 가장 경멸스럽고 야비하며 저주받을 자들입니다! 모든 벼락이 그의 이마에 내리치며 하나님의 모든 화살이 그의 양심을 표적으로 삼을 것입니다.

저는 어떠한 고난도 견딜 수 있지만 목회자로서 영혼 구원을 위한 열정이 없이 잠이 든 상태로 강단을 더럽힘으로써 멸망하는 것은 견딜 수 없습니다. 하나님의 이름으로 정직하게 말씀을 전하지 않고 그저 부드럽고 듣기 좋은 말로 사람들에게 거짓 평화를 전하며 눈가림을 하던 사람이 하나님의 보좌 앞에 섰을 때는 어떤 식으로 변명할까요? 목회자여, 우리가 우레의 아들처럼 주어진 역할을 다하지 않는다면 우리는 하나님의 우렛소리 같은 진노를 영원히 들으며 사람들과 지극히 높으신 분에게 끝없는 저주를 받을 것입니다. 그리고 우리는 지옥에서 스스로 이렇게 탄식할 것입니다.

> 우리는 자기도 느끼지 못한 것을 설교했다. 우리는 자기도 알지 못한 것을 증언했다. 우리는 위선자이며 기만자였기에 사람들은 우리의 증언을 받지 않았다. 이제 우리는 심연으로 내려

와 마땅히 받아야 할 영원한 형벌을 받게 되었다.

그리고 비록 여러분이 불경건한 교사가 아니었더라도, 퇴폐적인 행위를 하지 않았더라도, 이단 사상을 가르치지 않았더라도, 교회를 분열시키는 일을 하지 않았더라도 형제의 피 소리가 땅에서부터 하나님께 부르짖을 것입니다. 여러분의 삶이 거룩하지 않다면 여러분 형제의 피는 여러분 머리 위에 있을 것입니다.

하지만 제가 죄를 짓는 것은 저 혼자에게만 피해를 주는 것이 아닌가요?

그렇지 않습니다! 죄는 콜레라 같은 치명적인 전염병과 같습니다. 여러분이 행한 죄는 다른 사람에게도 퍼집니다. 마치 나병 환자처럼 여러분이 만지는 것마다 부정하게 됩니다. 주변에 있기만 해도 죄는 질병처럼 전염됩니다. 다른 사람이 여러분의 죄를 보면 그들은 그것을 배웁니다. 어떤 사람은 여러분에게 배운 것보다 더 잘 죄를 짓게 되기도 합니다. 그들이 죄짓는 법을 여러분에게 배웠다면 후에 그들이 행한 모든 죄가 여러분의 문 앞에 엎드릴 것입니다.

저는 많은 사람이 자신의 죄를 이런 관점에서 바라보지 않는 것이 안타깝습니다. 우리는 모두 어떤 형식으로든 리더나 선생이 될 수밖에 없습니다. 여러분이 가정에서 술주정뱅이로 지낸다면 여러분의 자식 역시 술주정뱅이가 될 것입니다! 어떤 사람은 자기 아들이 욕을 할 때마다 회초리를 때렸습니다. 그런데 그는 회초리를 때릴 때마다 아들에게 욕을 했습니다. 우리는 주변에서 자식이 자기들처럼 성장할 것이라고 생각하지 못하는 사람들의 예를 많이 볼 수 있습니다.

여러분의 행실은 반드시 여러분 자녀에게 영향을 미칩니다. 그리고 자녀뿐 아니라 여러분이 세상에서 접하는 모든 이에게 영향을 줍니다. 여러분이 고용주라면 고용인이 여러분의 삶에 영향을 받지 않을 것이라 생각하지 마십시오. 그들 중에는 자기만의 방침이 있어 유혹에 굴복하지 않는 자도 있을 것입니다. 하지만 많은 사람이 스승으로 여기는 인물과 자주 접촉했을 때 그들은 그에게서 죄짓는 법을 보고 배워 자기 영혼을 파멸에 이르게 합니다. 그러므로 주의하십시오. 여러분 자신을 위해서가 아니라 다른 사람들을 위해서 주의하십시오. 그렇지 않으면 여러분 형제의 피 소리가 땅에서부터 하나님께 부르짖을 것입니다.

노골적인 죄인과 불신자들로 인한 부르짖음은 어떨까요? 한 사람의 파멸을 위해 기도하는 것은 끔찍한 일이지만 때로는 너무도 많은 사람에게 해를 입혀서 그가 죽으면 다른 사람들이 더욱 자유롭게 숨을 쉴 수 있을 것 같은 사람도 있습니다.

제가 아는 어떤 마을에서는 한 남자가 마을 시민의 절반에게 악영향을 주었습니다. 그의 얼굴에는 잔혹함과 경멸이 묻어 있었습니다. 그는 악당이었으며 부당한 영역에서 월등한 지식을 갖추고 있어 그가 무엇을 하든 아무도 그를 당해낼 수 없었습니다. 그는 자기 밑으로 검은 독을 떨어뜨리는 치명적인 유파스나무와 같은 존재였습니다.

저는 한때 그가 죽어서 파멸하도록 기도할까 생각도 했지만 그렇게 하지는 않았습니다. 하지만 만일 그가 죽는다면 성도들은 〈잘된 일이다〉라고 말했을 것입니다. 바빌론이 파괴되어 불타는 연기가 영원히 올라가는 것을 보고 성도들이 〈할렐루야!〉라고 말했던 것처럼(계 19:3), 많은 젊은이의 피가 땅에서부터 하나님께 부르짖게 만든 사람들이 파멸했을 때도 마찬가지로 〈할렐루야!〉라고 외칠 것이라 생각했습니다. 이는 하나님께서 모든 민족을 음행의 포도주로 취하게 한 큰 죄인을 심판하셨기 때문

입니다. (계 18:3)

과거를 지우기 위해 우리가 무엇을 할 수 있을까요? 회개의 눈물로써 과거를 지울 수 있을까요? 아닙니다. 변화하겠다는 약속이 얼룩진 과거의 페이지를 하얗게 되돌릴 수 있을까요? 아닙니다. 과거에 지은 우리 죄를 지우기 위해 우리가 할 수 있는 일은 아무것도 없습니다. 그런데 미래에 한 일로 인해 과거의 일을 청산할 수는 없을까요? 미래의 열정이 과거의 부주의함을 지워 없앨 수는 없을까요? 장래의 노력이 과거의 나태함을 보충할 수는 없을까요? 그럴 수 없습니다. 형제의 피는 이미 흘려졌고 우리는 그것을 다시 모을 수 없습니다. 우리가 저질렀던 해악은 되돌릴 수 없습니다!

우리로 인해 잃어버린 영혼은 더 이상 구원받지 못합니다. 지옥의 문은 너무도 굳건히 닫혀 있어서 이미 지옥에 간 영혼은 그곳을 탈출할 수 없습니다. 그것을 보상하기 위해 우리가 할 수 있는 일은 없습니다. 영혼의 구원은 매우 값비싼 것이며 한 번 놓치면 영원히 다시 얻을 수 없습니다.

우리가 지은 죄는 회개하거나 삶을 변화시킨다고 해서 지워 없앨 수 있는 것이 아닙니다. 그러면 어떻게 해야 할까요? 만일 우리를 구원할 다른 피, 곧 예수님의 피가 없었다면 우리는 모두 아무런 소망이 없는 절망에 빠졌을 것입니다. 예수님께서 흘리신 피의 소리는 땅에서부터 아버지께 〈아버지, 저들을 용서해 주소서. 아버지 저들을 용서해 주소서〉(눅 23:34)라고 부르짖습니다.

니느웨 성읍의 모든 사람이 베옷을 입고 회개하게 만들었던 요나의 목소리처럼 〈멸망〉을 외치는 소리가 들릴 때, 그보다 더 크고 부드러운 소리로 〈자비〉를 외치는 목소리가 들립니다. 아버지는 고개를 숙이고 〈이것이 누구의 피인가?〉라고 묻습니다. 그러자 자비를 외치는 목소리는 〈이것은 주님의 독생자가 인간의 죄를 위해 갈보리에서 흘린 피입니다〉라고 대답합니다. 아버지께서는 칼을 빼 겨누고 인간들에게 이렇게 외치십니다.

내게 나아오라. 내가 너희에게 자비를 베풀 것이다. 너희 길에서 돌아서라. 내가 내 영을 너희에게 부어주리니 너희는 살 것이다. 회개하고 복음을 믿어라.

과거의 죄를 미워하고 미래를 위해 예수님을 믿으십시오. 그분은 자기를 통해 하나님께 나아오는 모든 사람을 온전히 구원하실 수 있습니다. 이는 하나님의 아들 예수 그리스도의 피는 우

리를 모든 죄에서 깨끗하게 하기 때문입니다. (요일 1:7)

죄인이여, 달아나십시오! 여러분이 흘린 피의 복수가 여러분을 급히 쫓고 있습니다. 날개가 달린 발과 피에 굶주린 심장을 지닌 채 그것이 당신을 쫓고 있습니다. 그러니 어서 도망치십시오! 당신 앞에 있는 도피성으로 도망치십시오. 그것은 믿음의 좁은 길 끝에 있습니다. 도망치십시오. 피의 복수가 여러분을 덮치기 전에 어서 도피성에 도달하십시오. 그렇지 않으면 그것이 여러분을 쳐서 영원한 파멸에 이르게 할 것입니다.

지체하지 마십시오! 들판에 멈추어 뒤를 돌아보지 마십시오! 지체한다면 그 들판은 여러분의 피로 물들여질 것입니다! 중간에 여관에 들러 쉬려고 하지 마십시오. 멈추지 마십시오. 그것이 다가옵니다. 길을 따라 쫓아오는 그것의 발걸음 소리에 귀 기울이십시오. 지금 그것이 다가옵니다! 여러분이 도피성 문을 통과하길 바랍니다! 하나님의 아들을 믿으십시오. 여러분의 죄는 용서될 것이며 여러분은 영생으로 들어갈 것입니다.

사람의 아들로서 그리스도

우리 주님께서는 〈사람의 아들〉이란 칭호를 매우 좋아하셨습니다! 주님께서 원하셨다면 그분은 언제나 자신을 하나님의 아들, 영존하신 아버지, 기묘자, 모사, 평강의 왕이라고 부르셨을 것입니다. (사 9:6) 그분은 하늘의 보좌와 같이 장엄하고 놀라운 칭호를 많이 가지고 있었지만 그것들을 사용하는 데 관심이 없었습니다. 주님은 자신의 겸손함을 표현하고 우리에게 그분의 낮아지심을 보여주고 그분의 멍에는 지기 쉽고 그분의 짐은 가볍다는 것을 알려주시기 위해 자신을 〈하나님의 아들〉이라 부르지 않고 계속해서 하늘에서 내려온 〈사람의 아들〉이란 칭호를 사용하셨습니다.

우리는 구세주를 통해 겸손을 배워야 합니다. 위대한 칭호나 자존심을 세우는 일을 추구하지 마십시오. 결국 그것들은 한 마리의 벌레가 유명해지려고 노력하는 것처럼 공허할 뿐입니다. 세상에서 가장 위대한 사람도 그저 한 마리 벌레와 같으며 그의 본성은 나머지 인간들과 다를 바가 없습니다. 예수님께서 훨씬 위대한 칭호를 보유하고 있음에도 불구하고 자신을 사람의 아들이라 부르신 것처럼, 우리도 스스로 낮추는 자는 결국에 높아질 것을 깨닫고 겸손해지는 것을 배워야 합니다.

그런데 〈사람의 아들〉이란 칭호에는 이보다 더 깊은 뜻이 있습니다. 그리스도는 인류를 너무도 사랑하셔서 언제나 그들을 존중하길 원하셨습니다. 예수 그리스도는 〈사람의 아들〉이셨다는 사실을 자랑스럽게 여겨 이 칭호를 마치 가슴의 훈장이나 머리의 면류관처럼 여기셨습니다.

예수님께서 〈사람의 아들〉이라 하실 때마다 마치 그분께서는 아담의 자손에게 후광을 비추어 주려고 하신 듯했습니다. 또한, 예수 그리스도께서 자신을 〈사람의 아들〉이라 칭하신 이유는 그분께서 우리 중 하나가 되는 것을 원하셨기 때문입니다.

하늘에서 내려와 성육신하신 것은 그분에게 있어 자신을 매우 낮춘 일입니다. 천사들의 찬송을 뒤로하고 자신이 창조한 평범한 무리와 함께 섞여서 지내는 것은 스스로 비천해지는 행위였습니다. 그럼에도 불구하고 주님은 그것을 원하셨습니다. 주님은 성육신하실 때 어둠 속에서 하신 것이 아닙니다. 하나님께서 독생자를 세상에 태어나게 하실 때 그분은 〈모든 천사는 그를 경배하라〉라고 말씀하셨습니다. 그것은 하늘에서 선포되었습니다. 예수 그리스도께서 세상에 오신다는 것은 아무도 알지 못하도록 숨겨진 비밀이 아니었습니다. 하나님의 모든 천사가 처녀에 의해 태어나 구유에 누워 잠이 든 조그만 아이를 보고 구세주께서 오셨음을 증거하였습니다.

그 후로 지금까지도 주님은 자신이 인간이셨음을 고백하는 것을 부끄럽게 여기지 않으셨습니다. 주님은 자신의 성육신을 조금도 후회하지 않으셨으며 자신이 〈사람의 아들〉이 된 것을 기쁘게 생각하셨습니다. 아, 복되신 예수님, 우리는 당신이 우리를 얼마나 사랑하는지 압니다. 당신께서 우리 중 하나처럼 되시고 형제처럼 가까워진 것을 인정하는 이름을 항상 사용하신 것을 통해 우리는 주님께서 택하신 자들에게 베푸신 놀라운 은혜를 깨닫습니다.

그리스도께서 구원하실 백성이 어떤 상태에 놓였는지 말씀드리겠습니다. 그리스도는 자신의 힘을 의지하는 것을 완전히 포기한 자들을 구원하실 것입니다. 폭풍 속을 지나가는 바다 위의 배 한 척을 떠올려보십시오. 배에는 구멍이 났고 선장은 선객들에게 포기하지 말라고 말합니다. 그들이 해안에서 멀리 떨어진 상태에서 배에 물이 차기 시작한다면 그들은 힘이 다할 때까지 배의 물을 퍼낼 것입니다. 아직 물을 퍼낼 힘이 남아 있는 한 그들은 스스로 노력하는 것을 포기하지 않을 것입니다.

마침내, 그들은 배를 구할 수 없다는 것을 깨닫습니다. 결국 그들은 포기하고 구명정으로 뛰어들었습니다. 구명정은 사람을 가득 태운 채 수일 동안 바다에 떠 있었고 남은 식량은 얼마 없었습니다. 우리는 그들이 바다에서 조난당했다고 생각하지만 그들은 그렇게 생각하지 않았습니다. 그들은 여전히 희망을 놓지 않았고 다른 배가 지나가다 그들을 구조해줄 것을 기다렸습니다. 마침 한 배가 수평선을 지나 나타났습니다. 그들은 눈을 부릅뜨고 그 배를 바라보았습니다. 서로 부축해 일어나 깃발을 흔들었습니다. 자기들의 옷을 찢어 눈길을 끌 만한 것을 만들어 흔들었지만 그 배는 그냥 지나갔습니다. 결국 밤이 오고 그들은 잊혔습니다. 마지막 남은 식량이 바닥나고 그들은 모든 힘을 잃었습니다. 그래서 손에 들고 있던 노를 내려놓고 누워서 죽기만을 기다렸습니다.

그런 상황에 놓인 사람이라면 〈잃은 자〉라는 단어가 얼마나 끔찍한 의미를 지녔는지 충분히 이해할 것입니다. 그들이 조금이라도 힘이 남아 있었다면 자신이 〈잃은 자〉란 사실을 느끼지 못했을 것입니다. 그들이 지나가는 배를 볼 수 있었다면 여전히 희망이 남아 있다고 느꼈을 것입니다. 비스킷 한 조각이나 물 한 방울만 남아 있더라도 그들은 결코 포기하지 않았을 것입니다. 이제 물과 식량이 모두 바닥나고 노를 저을 힘조차 남아 있지 않습니다. 그들은 해골처럼 나란히 누워 죽기만을 기다립니다. 살아날 가망이 보이지 않게 되었을 때 바로 포기했다면 그들은 이미 오래전에 죽었을 것입니다. 이제 그들은 〈잃은 자〉라는 것이 무슨 의미인지 알게 되었으며 그들의 귀에는 바다 한가운데서 종말을 알리는 종소리처럼 〈잃은 자〉라는 단어가 맴도는 것 같았습니다.

영적인 관점에서 이들이 바로 그리스도께서 구원하러 오신 백성입니다. 죄인이여, 여러분 역시 정죄를 받았습니다. 우리 조상 아담이 항로를 이탈하여 배를 몰았으며 그로 인해 배는 암

초에 부딪혀 갑판 위까지 물이 차오른 상태입니다. 여러분이 아무리 도덕과 철학으로 그 물을 퍼낸다고 할지라도 배의 침몰을 막는 것은 불가능합니다. 인간의 본성은 타락하여 이미 가라앉는 배에 너무도 익숙해졌습니다. 그 배는 선행이라 불리는 아름다운 배입니다. 여러분은 그 배를 타고 자신의 힘으로 해안까지 도달하기 위해 열심히 노를 저었지만 결국 힘이 다해 실패하고 맙니다. 여러분은 이렇게 말합니다.

> 저는 하나님의 율법을 지킬 수 없습니다. 그것을 지키려고 노력하면 노력할수록 저의 힘으로는 불가능하다는 것을 깨닫습니다. 아무리 오르고 올라도 그 위에는 더 높은 정상이 있습니다. 제가 평원에 있을 때는 그 산이 그저 완만한 언덕처럼 보였습니다. 하지만 중턱까지 올랐다고 생각되었을 때 그 산을 다시 보니 정상은 구름보다 높아서 보이지 않았습니다.

하지만 여러분은 남은 힘을 쥐어짜 다시 한번 도전합니다. 다시 노를 저어 보지만 결국 아무것도 할 수 없게 됩니다. 그래서 노를 내려놓고 자신의 행위로는 구원을 받을 수 없다는 사실을 깨닫습니다. 그래도 아직 희망의 끈을 놓지 않았습니다. 비스킷 몇 조각이 남아있기 때문입니다. 그래서 여러분은 특정한 의식을 통한 구원이란 비스킷에 의존하려 합니다. 하지만 세례를 받거나 성찬에 참여하거나 다른 외적인 의식으로는 여러분을 깨끗하게 할 수 없습니다. 이는 여러분의 마음이 나병에 걸린 것처럼 부정하기 때문입니다.

이 사실을 알면서도 여러분은 여전히 수평선 너머를 바라봅니다. 절망의 바다 한가운데 떠다니면서 아직 지나가는 배를 기다리며 희망을 버리지 못합니다. 이것은 마치 위안을 얻기 위해 새로운 가르침이나 신선한 교리를 찾아 헤매는 것과 같습니다. 하지만 그것은 그저 유령선처럼 여러분 곁을 스쳐 지나갈 뿐입니다. 결국 그것은 사라지고 여러분에게는 하나님의 진노와 끝없이 떨어지는 지옥의 소용돌이만 남았습니다. 한때 여러분이 모든 희망을 걸었던 배는 공허만 남기고 떠나갔으며 여러분은 절망에 사로잡혀 〈주님 저를 구원하여 주소서. 그렇지 않으면 저는 멸망할 것입니다!〉라고 울부짖습니다.

여러분은 이런 경험을 한 적이 있습니까? 그렇다면 그리스도께서는 바로 당신을 구원하기 위해 이 세상에 오신 것입니다. 그리스도는 오직 자신을 〈잃은 자〉라고 인정하는 사람, 곧 자신에 대한 신뢰와 의존과 소망을 완전히 상실한 자들을 구원하실 것입니다.

저는 제가 〈잃은 자〉란 사실을 깨달은 때를 기억합니다. 저는 하나님께서 의도적으로 저를 파괴한다고 생각했습니다. 저 자신이 〈잃은 자〉라는 것을 깨달았을 때 마치 전능하신 분의 진노에 특별히 희생당한 것처럼 느껴졌습니다. 심지어 저는 주님께 이렇게 따지기까지 했습니다.

> 어째서 제게 주님의 화살을 쏘는 것입니까? 제가 바다입니까? 혹은 괴물이라도 됩니까? 어찌하여 저에게 파수꾼을 세우십니까? (욥 7:12) 저의 허물이 자루 속에 봉해지고 저의 죄악을 덮으신다고 하지 않았습니까? (욥 14:17) 제게 은혜를 베풀지 않으실 것입니까? 저를 슬픔 가운데 두시고 영원히 저주받을 자로 택하셨습니까?

저는 바보였습니다! 그 당시 저는 스스로 비천해지는 자야말로 하나님께서 축복하시는 자라는 사실을 몰랐습니다. 우리는 자기 죄를 인정하고 자신에게 사형 선고를 내리며 자신을 의지하지 말고 오직 우리를 위해 죽으시고 부활하신 주님을 의지해야 합니다.

여러분은 〈잃은 자〉입니까? 세상의 광야를 여행하다가 모든 동료가 떠나가고 사막 한가운데 아무런 희망도 없이 홀로 남겨진 적이 있습니까? 주위를 둘러봐도 도와줄 사람이나 의지할 것이 전혀 없습니까? 하늘에는 독수리가 맴돌며 곧 여러분의 살과 뼈로 배를 채우려고 기쁨의 비명을 지르고 있습니까? 빵과 물이 다 떨어졌습니까? 마지막 남은 음식을 먹고 사막 한가운데에서 아무런 희망도 없이 절망 속에 죽기만을 기다립니까?

잘 들으십시오! 주 하나님께서 여러분을 사랑하십니다. 예수 그리스도께서 자신의 피로 여러분을 사셨습니다. 여러분은 그분의 소유입니다. 그리스도는 항상 여러분을 찾아 헤매셨고 마침내 드넓은 광야에서 여러분을 찾으셨습니다. 이제 주님은 여러분을 어깨에 메고 집으로 돌아갈 것이며 천사들은 여러분이 구원받은 것으로 인해 기뻐할 것입니다.

그런 사람들은 반드시 구원을 받을 것이며, 예수 그리스도께서는 바로 그들을 구원하기 위해 세상에 오신 것입니다. 그리스도께서 구하러 오신 자들은 반드시 구원받을 것입니다. 여러분이 모든 희망과 자신감을 상실했다면 그리스도를 통해 구원을 받을 것입니다. 심지어 죽음이나 지옥도 그리스도께서 그분의 약속과 계획을 성취하는 것을 막을 수 없습니다.

그런데 대부분 그리스도께서는 교회에서 그분의 백성을 발견하십니다. 그리스도께서 그들을 발견하실 때 그들은 거의 마음이 굳고 성격이 메마른 상태에 있습니다. 그리스도께서는 그들의 마음을 부드럽게 하고 양심을 깨우고 교만을 억누르고 그분께 나아오도록 인도하십니다. 하지만 그들은 그리스도께서 먼저 다가가기 전까지 결코 그분께 나아가지 않습니다. 양은 쉽게 길을 잃지만 자기 힘으로 되돌아오지는 못합니다. 목자에게 양이 스스로 돌아오는지 물어보십시오. 그러면 〈그렇지 않습니다. 그들은 방황하며 결코 돌아오지 않습니다〉라고 대답할 것입니다. 만일 길 잃은 양이 스스로 돌아오는 것을 목격한다면, 여러분은 죄인이 스스로 그리스도께 나아오는 것 역시 기대해 볼 수 있을 것입니다. 하지만 현실은 그렇지 않습니다. 죄인이 그리스도께 나아오는 것은 오직 하나님의 주권적인 은혜에 의한 것입니다.

그리스도께서는 그들을 찾아내고 구원하십니다. 정죄의 가시덤불에 얽매인 죄인을 발견했을 때 주님은 칼을 꺼내 죽이는 대신에 자비의 손길을 내밀어 그를 위로하고 구해 주십니다.

그리스도께서는 섭리 가운데 여러분을 오랫동안 찾으셨고 결국에는 구원해 주실 것입니다. 여러분이 자신을 완전히 비웠을 때 주님은 여러분을 찾아서 구원하실 것입니다. 여러분이 헐벗었을 때 주님은 가장 좋은 옷을 가져와 여러분에게 입히실 것입니다. 여러분이 죽어갈 때 주님은 여러분의 코에 생명의 숨결을 불어넣으실 것입니다. 여러분이 정죄함을 느낄 때 주님은 오셔서 여러분의 허물을 구름같이, 죄악을 안개같이 지워 없애십니다. (사 44:22) 소망이 없고 무기력한 영혼이여, 두려워 마십시오. 그리스도께서 여러분을 찾아내어 구원하실 것입니다. 비록 여러분이 잃은 자라 할지라도 주님은 여러분을 구원하실 것이며 거룩해진 자들 사이에서 유업을 얻게 하실 것입니다.

위대한 치료

복음에 담긴 진리를 체감하지 않는다면 우리는 복음으로부터 아무것도 배울 수 없습니다. 복음을 직접 시험해보고 그 능력을 체험하지 않는다면 복음에 담긴 진리를 진정으로 깨닫지 못합니다. 제가 아는 한 생물학자는 자신이 새의 역사에 관해 매우 박식하다고 생각했습니다. 하지만 그는 대부분 지식을 연구실에서 얻었으며 정작 하늘을 나는 새나 둥지에 앉은 새를 관찰한 적은 거의 없었습니다. 그는 비록 자신이 매우 지혜롭다고 생각했지만 실상은 어리석은 자였습니다.

이와 마찬가지로 자신을 매우 위대한 신학자라고 생각하는 사람도 있습니다. 그들은 심지어 신학 박사 학위도 요구합니다. 하지만 그들에게 자신이 주장하는 것을 보거나 느낀 적이 있느냐고 물으면 그들은 〈아닙니다. 저는 성령님을 통해서가 아니라 문자를 통해 이것들을 배웠습니다. 저는 자각이나 경험이 아니라 이론적으로 그것을 이해했습니다〉라고 대답합니다.

그저 다른 사람이 관찰한 것을 배우기만 한 생물학자가 사실은 아무것도 알지 못한 것과 마찬가지로, 겉으로는 독실한 척하지만 신학 교리의 깊이와 능력을 체험하고 그것의 영향력을 마음으로 느끼지 못한 사람도 아무것도 알지 못합니다. 그들의 지식은 그저 자신의 무지함을 가리기 위한 가면일 뿐입니다. 어떤 과학 지식은 머리로 배울 수 있지만 십자가에 달리신 그리스도에 대한 지식은 오직 마음으로만 배울 수 있습니다.

우리는 죄를 직접 느끼고 체감하기 전에는 그것이 얼마나 거대한지 알 수 없습니다. 왜냐하면 우리에게는 그 죄를 측량할 잣대가 없기 때문입니다. 하지만 하나님의 율법이 우리에게 두려움을 주어 양심에 정죄함을 느낄 때 우리는 비로소 죄의 거대함을 깨닫습니다.

어떤 사람은 복음이 죄에 대한 하나님의 가혹함을 누그러뜨리기 위해 고안된 것이라고 생각합니다. 그것은 매우 잘못된 착각입니다! 복음만큼 죄를 가혹하게 정죄하는 것은 이 세상에 없습니다.

> **하나님의 아들 예수 그리스도의 피는 우리를 모든 죄에서 깨끗하게 한다.** (요일 1:7)

주 예수 그리스도께서 세상의 어둠을 보고 무엇을 하시겠습니까? 〈이것은 그렇게 악하지 않다. 이 어둠은 그저 작은 얼룩에 불과하다〉라고 말씀하겠습니까? 그렇지 않습니다. 주님은 그것을 보고 〈이것은 너무도 악하고 어둡다〉라고 말씀하십니다. 주님께서 그것을 눈감아 주시겠습니까? 변명 거리로 불의를 감싸 주시겠습니까? 그렇지 않습니다. 오히려 불의를 감싸는 것이 있을 때마다 주님은 그것을 드러내며, 진리의 영이 임하실 때 세상의 죄를 정죄하며 죄인의 양심을 벌거벗기고 가장 밑바닥까지 조사하십니다. 그런 다음 무엇을 하십니까? 주님은 불의를 감싸거나 대수롭지 않게 여기는 것보다 훨씬 좋은 일을 하십니다. 주님은 자기 피의 공로와 능력으로 그것을 모두 제거하고 깨끗하게 하십니다.

복음은 결코 율법이 요구하는 기준을 느슨하게 만들지 않습니다. 어떤 사람은 하나님께서 구약 시대에는 인간에게 짊어지기 힘든 무거운 짐을 지도록 요구했다고 생각합니다. 그들은 그리스도께서 인간의 어깨에 조금 더 가벼운 짐을 지우기 위해 세상에 오셨다고 생각합니다. 그래서 율법을 더욱 쉽게 지킬 수 있고 설사 그것을 범하더라도 끔찍한 형벌을 받지는 않게 되었다고 여깁니다. 하지만 그렇지 않습니다. 복음은 결코 율법을 가볍게 하기 위해 세상에 들어온 것이 아닙니다.

> 내가 진실로 너희에게 말하니, 하늘과 땅이 사라지기 전에는 모든 것이 성취될 때까지 이 율법의 한 점 한 획도 결코 없어지지 않을 것이다. (마 5:18)

하나님께서 율법에서 죄인에게 말씀하신 내용은 복음에도 그대로 있습니다. 하나님은 〈죄를 짓는 영혼은 죽을 것이다〉(겔 18:20)라고 선언하십니다. 복음의 증거는 율법의 증거와 반대되지 않습니다. 하나님은 누구든 율법을 어기는 자는 반드시 멸망할 것이며, 피는 피로, 눈은 눈으로, 이는 이로 갚을 것이라고 말씀하셨고 복음 또한 율법의 요구를 한 점 한 획도 완화하지 않고 똑같이 가혹한 기준을 요구합니다.

여러분은 그리스도께서 율법을 확실히 완화했다고 생각하십니까? 그렇다면 여러분은 그리스도의 사명이 무엇인지 이해하지 못한 것입니다. 그리스도의 사명은 율법을 완화시키는 것이 아닙니다. 오히려 하나님의 정의로운 검을 더욱 예리하게 가는 것입니다. 그리스도는 용광로의 불을 끄신 것이 아니라 이전보다 일곱 배나 더욱 뜨겁게 하셨습니다. 그리스도를 만나기 전에 저는 죄를 별로 대수롭지 않게 여겼습니다. 하지만 그리스도를 만나고 난 이후에는 죄의 끔찍함이 빛 가운데 명확히 드러나 그것을 매우 악한 것으로 여기게 되었습니다.

어떤 사람은 〈복음은 분명히 어느 정도 우리 죄의 무게를 줄여줍니다. 복음이 죄의 형벌을 완화하지 않습니까?〉라고 말합니다. 하지만 그렇지 않습니다. 에스겔은 〈죄를 짓는 영혼은 죽을 것이다〉라고 말했습니다. 그의 설교는 두렵고 경각심을 불러일으켰습니다. 그가 죽은 후에 사랑이 많으신 예수 그리스도께서 오셨습니다. 그런데 주님께서 죄의 형벌에 대해 어떻게 말씀하셨습니까? 우리 주 예수 그리스도는 사랑이 넘치는 분이시지만 또한 정직한 분이기도 합니다. 예수님께서 잃은 자가 받을 형벌에 대해 말씀하셨을 때 사람들은 〈이렇게 말한 사람은 아무도 없었다〉(요 7:46)라고 수군거렸습니다. 다음과 같이 무시무시한 표현을 사용한 분은 다른 어떤 선지자도 아닌 예수님이셨습니다.

> 그가 쭉정이는 꺼지지 않는 불로 태우실 것이다. (마 3:12)

> 그들은 영원한 형벌에 들어갈 것이다. (마 25:46)

> 그곳에서는 그들의 벌레도 죽지 않고 불도 꺼지지 않는다. (막 9:44)

예수님께서 죄의 형벌과 불의의 결과에 대해 말씀하신 것을 새겨들으십시오. 그러면 여러분은 시내산에서 모세에게 설교를 들었을 때보다 더욱 두려워 떨게 될 것입니다. 그리스도의 복음은 결코 죄를 가볍게 만들지 않습니다. 그리스도께서 선포하신 내용은 구약 시대 에스겔이 〈이스라엘과 유다 족속의 죄악이 매우 크다〉(겔 9:9)라고 말했던 것과 동일합니다.

우리의 죄는 매우 큽니다. 모든 죄가 중대하지만 그 가운데서도 다른 것보다 더욱 중요한 죄악이 있습니다. 그것은 일반인은 설명하기 힘든 종류의 죄악입니다. 저는 인간 본성의 타락과 그것이 만들어낸 죄에 관해 매우 오랫동안 이야기할 수 있습니다. 놀랍게도 인간은 새로운 범죄를 발명해 내는 일에 천재적입니다. 더 이상 새로운 죄를 발명해내는 것은 분명히 불가능한 일이지만, 만약 그것이 가능했다 하더라도 인간은 이미 오래전에 모든 죄를 발명해냈을 것입니다. 인간은 자신을 파괴하고 창조주를 모욕하는 일에 지혜가 충만하기 때문입니다.

어떤 죄들은 인간의 생각이 얼마나 타락했는지 적나라하게 보여주는 척도가 되기도 합니다. 그런 죄는 감히 입에 담거나 생각하는 것조차 수치스러울 정도입니다. 하지만 하나님의 아들 예수 그리스도의 피는 우리를 모든 죄에서 깨끗하게 합니다.(요일 1:7) 비록 우리가 입에 담기조차 힘든 죄도 있지만 그리스도의 피는 그런 죄도 모두 깨끗이 씻을 수 있습니다. 신성모독, 탐욕, 정욕, 절도, 강도, 하나님의 계명을 어기는 것 등 모든 종류의 죄가 예수 그리스도의 피로 씻어지고 용서받을 수 있습니다. 역사상 인간이 지은 모든 죄 중에서 용서받을 수 없는 죄는 단 하나뿐입니다. 어떤 죄인이라도 자비를 바라는 마음이 있다면 그 죄를 짓지 않았을 것입니다. 왜냐하면 그 죄를 한 번 저지르면 그의 영혼은 강퍅하고 무감각해져서 더 이상 하나님과 화평을 되찾으려 하지 않기 때문입니다.

그러므로 두려워 떠는 죄인이여, 여러분의 불의가 아무리 심각하더라도, 여러분이 무슨 죄를 지었더라도, 여러분이 바울이나 막달라 마리아, 또는 가장 악한 사람보다 더 큰 죄인이라 할지라도 그리스도의 피는 여전히 여러분의 죄를 깨끗이 씻길 수 있습니다. 여러분의 죄가 가볍다는 것은 결코 아닙니다. 여러분의 죄는 분명 매우 심각한 것입니다. 하지만 그리스도의 피는 그것을 모두 없앨 만큼 능력이 있습니다. 여러분의 죄가 산과 같다면 그리스도의 피는 노아의 홍수 같습니다. 여러분의 산더미 같은 죄는 그 피에 모두 잠길 것입니다.

제가 아는 한 가지는 제가 죄인이며 양심적으로 유죄이고 그 죗값으로 인해 매우 비참하다는 것입니다. 하지만 성경은 〈이 말씀은 믿을 만하며, 모든 이가 받을 만한 것이니, 곧 그리스도 예수께서 죄인을 구원하러 세상에 오셨다는 것이다〉(딤전 1:15)라고 말합니다.

> 믿음의 눈이 침침해졌을 때
> 죽기 살기로 예수님을 신뢰하라.
> 그분의 발 앞에 무릎을 꿇어라.
> 그리하면 이스라엘의 하나님께서 평안을 주실 것이다.

저는 주님께서 저를 대신해 드리신 피의 희생 제사에 전적으로 의지합니다. 저는 저의 기도나 행위나 감정이나 눈물이나 설교나 생각이나 성경 통독이나 그 밖의 어떤 것도 의지하지 않을 것입니다. 물론 저는 선행을 계속할 것이지만 결코 그것을 의지하지 않을 것입니다.

제 손에는 아무것도 들지 않고
그저 주님의 십자가에만 매달립니다.

그리스도 안에 구원의 능력이 있다면 저는 반드시 구원될 것입니다. 그리스도께서 〈만물 위에 계시며 영원토록 찬양받으실 하나님〉(롬 9:5)께 영원한 팔을 내밀어 그분의 피로 우리 죄를 위한 희생 제사를 하나님의 보좌에 올려드린다면, 저는 하나님의 보좌가 무너지지 않는 한 영원히 멸망 받지 않을 것입니다.

화목의 입맞춤

입맞춤은 원한이 사라지고 다툼이 끝나고 평화가 이루어졌다는 징표입니다. 야곱이 에서를 만났을 때 비록 그들의 마음은 오랫동안 소원하여 한 명은 두려움에 휩싸였고 한 명은 복수심에 불타올랐지만, 그럼에도 불구하고 그들은 서로 평화를 이루었습니다. 그들은 재회했을 때 서로 목을 부여잡고 입을 맞추었습니다. 그것은 화목의 입맞춤이었습니다.

은혜가 죄인의 마음에 가장 먼저 일으키는 변화는 그들에게 그리스도의 입맞춤을 전하여 그분께서 죄인과 화목하기를 원하신다는 사실을 알게 하는 것입니다. 아버지께서도 탕자가 돌아

왔을 때 그에게 입맞춤을 하셨습니다. (눅 15:20)

잔치가 열리고 음악이 연주되고 춤이 시작되기도 전에 아버지는 아들의 목을 부여잡고 입맞춤했습니다. 우리의 역할은 그 입맞춤을 받기 위해 돌아가는 것입니다. 예수님께서 하나님을 대신해 화목의 입맞춤을 하신 것처럼, 우리가 해야 할 일은 예수님께 입맞춤하고 우리의 행실로써 우리가 독생자의 죽으심으로 인해 하나님과 화목하게 되었음을 증명해야 합니다. (롬 5:10)

죄인이여, 지금까지 여러분은 그리스도의 복음을 대적하는 원수였습니다. 그분의 안식일을 증오하고 그분의 말씀을 무시했습니다. 그분의 계명을 멸시했으며 율법을 등 뒤로 내던졌습니다. 온 힘을 다해 그분의 나라를 대적했습니다. 그리스도의 길보다 죄와 불의의 길을 더욱 사랑했습니다.

이제 무슨 말을 하시겠습니까? 지금 성령님께서 여러분 마음속에서 분투하고 계십니까? 그렇다면 그분의 은혜에 굴복하고 여러분의 싸움을 끝내십시오. 반역의 검을 내려놓고 오만의 투구를 벗으십시오. 더 이상 하나님의 원수로 남아있지 마십시오. 하나님은 여러분의 친구가 되기를 원하십니다. 그러므로 안심하십시오. 하나님은 여러분에게 팔을 내밀고 계시며 여러분의 고집으로 인해 눈물을 흘리시고 여러분을 불쌍히 여기십니다. 하나님은 〈그 아들에게 입 맞춰라〉(시 2:12)라고 말씀하시며 화목하게 되기를 원하십니다.

복음의 메시지 자체가 〈화목하게 하는 직분〉(고후 5:18)을 맡는 것입니다. 하나님께서는 우리에게 화목의 메시지를 전할 것을 명령하셨습니다.

> 그러므로 이제 우리는 그리스도의 대사로서 하나님께서 우리를 통해 권면하셨던 것처럼 그리스도의 이름으로 너희에게 간청하니 너희는 하나님과 화목하여라. (고후 5:20)

여러분의 가장 좋은 친구이신 하나님과 화목하라고 하는 것이 어려운 부탁인가요? 하나님께서 죄인을 위해 자기 피를 흘리신 예수님과 악수하고 화목하라고 명령하신 것이 애굽에서 바로가 이스라엘 백성에게 내렸던 명령만큼 가혹한가요?

저는 여러분에게 죽음이나 지옥의 친구가 되라고 요구하지 않습니다. 오히려 그것들과 관계를 끊으라고 간청합니다. 저는 여러분이 은혜로 말미암아 그것들과 교제를 영원히 끊고 사랑과 자비가 풍성하신 하나님과 평화를 되찾기를 간절히 기도합니다. 죄인이여, 어째서 여러분을 구원하려 하는 주님께 저항합니까? 어째서 여러분을 사랑하시는 하나님을 멸시합니까? 어째서 여러분의 죗값을 치른 피를 짓밟고 구원의 유일한 소망인 십자가를 거절합니까?

인류는 완전히 황폐해지고 파괴되었습니다. 인류는 버려진 광야 한복판에서 길을 잃었습니다. 자기 의로 만든 가죽 주머니의 물은 말라버렸습니다. 하늘은 비를 내리지 않고 땅은 습기를 머금지 않습니다. 그들은 멸망할 수밖에 없을까요? 위와 아래와 사방을 둘러보아도 도망칠 방법을 찾을 수 없습니다. 그들은 죽을 수밖에 없을까요? 갈증이 그들을 집어 삼킬까요? 광야에 쓰러져 뜨거운 태양 아래 해골만 남게 될까요? 아닙니다. 성경은 생명의 샘이 있다고 말합니다.

생명의 샘이 주님께 있으며, 주님의 빛 가운데 우리가 빛을 봅니다. (시 36:9)

영원 전부터 하나님의 엄숙한 언약에 의해 이 신성한 샘은 주께서 세우신 법령의 깊은 기초로부터 솟아납니다. 이 샘은 독수리와 사자가 넘보지 못하는 깊은 곳, 곧 하나님의 선하심과 거룩한 성품의 깊은 곳에서 솟구치는 신비한 생명의 물이며 우리를 유익하게 합니다. 하나님의 독생자께서 생명의 물이 흘러 나오지 못하게 막고 있던 거대한 바위들을 십자가로 부수고 이 우물을 파셨습니다. 그분은 깊은 곳으로 내려가 은혜와 사랑으로 영혼을 구원할 수 있는 생명의 물이 나오는 수로를 뚫고 갈증으로 죽어가는 자들을 위해 생명의 샘이 흐르게 하셨습니다.

하나님의 독생자께서는 이 샘이 자유롭게 흐르도록 명하셨습니다. 그분은 샘의 입구를 막고 있던 돌을 제거하였고 지금은 높은 곳에서 그 샘이 흐르는 것이 멈추거나 마르지 않도록 지켜보고 계십니다. 이 거룩한 샘은 하나님의 선하신 뜻과 언약에 의해 세워졌으며, 그리스도께서 십자가에 죽으심으로 열려 죄와 타락으로 죽은 불쌍한 죄인들에게 오늘날까지 생명과 건강과 기쁨과 평안을 줍니다. 이것이 생명의 물입니다.

잠시 멈춰 생명의 물이 흘러넘쳐 사람들의 갈증을 채워주는 모습을 바라보십시오. 그것은 참으로 생명의 물이란 이름에 걸맞습니다. 하나님은 생명을 사랑하시며 그분 곁에는 언제나 기쁨이 있습니다.

> 주님 곁에는 기쁨이 충만하며, 주님의 오른편에는 즐거움이 영원합니다. (시 16:11)

이 물은 하나님께서 베푸신 은혜로 말미암은 생명입니다. 이 생명의 물은 하나님께서 여러분에게 은혜와 사랑을 값없이 베푸시기 위한 것입니다. 그래서 여러분이 나아와 그것을 마시면 여러분의 영혼은 하나님의 은혜와 사랑을 마시고 생명을 얻어 하나님과 화목하게 됩니다. 하나님은 여러분의 아버지이십니다. 하나님은 여러분을 사랑하시고 그분의 무한한 마음은 여러분을 향한 연민으로 가득합니다.

생명의 물은 단지 사랑과 생명을 주는 것뿐 아니라 임박한 죽음에서 우리를 구원합니다. 죄인은 자신이 무가치하기에 죽어야만 한다는 것을 압니다. 그는 너무도 많은 죄를 지었기에 하나님은 그를 벌하실 수밖에 없습니다. 만일 하나님께서 인간들의 죄를 벌하시지 않는다면 그분은 더 이상 정의로운 분이 아니게 됩니다. 인간은 자신의 죗값을 인식하고 자기 영혼의 파멸이 이미 결정되었으며 모든 소망과 생명과 기쁨을 잃었다고 느낄 때 비로소 창조주 앞에 두려운 마음으로 나아갑니다.

죄로 멸망할 죄인이여, 주님께 나아오십시오. 이 물은 여러분의 죄를 씻길 수 있으며, 죄가 씻겨지고 나면 여러분은 생명을 얻고 멸망받지 않을 것입니다. 이 물은 여러분을 눈보다 더 희게 만들 수 있습니다. 여러분의 마음이 아무리 게달의 장막처럼 검을지라도 이 물은 여러분을 하얗게 씻겨 솔로몬의 옷처럼 아름답게 만들 것입니다. 용서받는 것은 생명을 얻기 위한 조건이기 때문에 이 물은 생명의 물이라 불리기에 합당합니다. 용서받지 못하면 우리는 멸망하여 지옥의 깊은 곳으로 떨어집니다. 하지만 용서를 받으면 우리는 생명을 얻고 천국의 높은 곳으로 올라갑니다. 이 영원히 샘솟는 생명의 물을 마시면 누구든 죄를 용서받고 죽음에서 부활해 생명을 얻을 것입니다. 어떤 사람은 이렇게 말합니다.

> 하지만 제 안에는 채워지지 않는 갈망이 있습니다. 설사 용서를 받더라도 저는 여전히 제 안에 무언가 부족하다고 느낄 것입니다. 제 안에는 이 세상이 결코 채워줄 수 없는 공허함이 있습니다.

또, 어떤 사람은 이렇게 말합니다.

> 한때는 영화를 보거나 유흥을 즐기거나 세상의 쾌락을 통해 만족을 느꼈습니다. 하지만 그것은 그저 상한 올리브와 같은 것이었으며 그것의 기름을 모두 짜내고 난 뒤에는 그저 찌꺼기만 남을 뿐이었습니다. 이제 저의 기쁨은 모두 사라졌습니다. 풍

요로웠던 저의 동산은 이제 꽃처럼 시들었습니다. 더 이상 이 세상의 음악으로는 기쁨을 느끼지 못합니다.

아, 저는 여러분의 저수지가 말라버린 것을 다행으로 생각합니다. 왜냐하면 사람들은 이 세상에 더 이상 만족하지 못하게 되기 전까지 결코 다른 것을 찾으려 하지 않기 때문입니다. 이 세상의 신에게 완전히 당하기 전까지 그들은 유일하시고 살아계신 참 하나님께 돌아오지 않습니다. 비참하고 절망에 빠진 죄인이여, 잘 들으십시오. 여기 여러분의 갈증을 해소할 생명의 물이 있습니다! 와서 그것을 마십시오. 그러면 여러분은 채워질 것입니다. 이는 그리스도를 믿는 자는 지금뿐 아니라 영원히 충만함을 얻기 때문입니다.

믿는 자는 방안을 서성거리며 〈내게는 어떠한 즐거움과 기쁨도 없다〉라고 말하는 사람이 아닙니다. 믿는 자는 지치고 지루한 삶을 사는 자가 아닙니다. 그는 그리스도 안에서 기쁨과 위로의 삶을 발견하여 그것으로 행복과 만족을 얻기 때문입니다. 그는 지하감옥에 갇히더라도 그곳에서 좋은 친구를 사귈 것입니다. 척박한 광야에 있더라도 하늘의 양식을 먹을 것입니다. 많은 친구에게 버림을 받더라도 형제보다 가까운 친구를 사귀게 될 것입니다.(잠 18:24) 피난처를 모두 잃더라도 만세 반석 아래에서 그늘을 찾을 것입니다. 세상에서 소망이 사라진다고 할지라도 하나님을 신뢰하기에 그의 마음은 흔들리지 않을 것입니다.(시 112:7)

기독교에는 그리스도를 알기 전에는 결코 맛볼 수 없는 행복과 충만함이 있습니다. 저 역시 그러했습니다. 저는 죄의 모닥불로 손을 따뜻하게 하려 했지만 그것은 가짜 모닥불이었습니다. 구세주의 사랑을 맛보고 그분의 피로 씻김을 받은 후에는 이 땅에서 천국의 삶이 시작되었습니다. 진정한 기독교의 기쁨을 알고 그리스도의 사랑을 깨닫는다면 여러분은 결코 멀리서 지켜만 볼 수 없을 것입니다. 기쁨에 충만한 성도의 모습을 본다면 여러분도 하나님의 자녀가 되기 위해 세상의 가장 큰 즐거움조차 포기할 것입니다. 그것은 생명의 물입니다. 그것은 우리의 갈증을 해소해주며 하늘 아래 어떤 것에서도 발견할 수 없는 생명의 실체를 우리에게 안겨줍니다.

전능하신 하나님의 이름으로 죄인이 그리스도께 나아가는 것을 막는 모든 것을 멀리하십시오. 그것들을 여러분 주변에서 모두 치우십시오! 그리스도께서는 여러분이 나아오는 길 위에 그분의 보혈을 뿌리며 이렇게 말씀하십니다.

> 그 길을 깨끗이 치우라. 그가 나아오게 하라. 그의 길을 방해하지 마라. 그의 길을 평탄하게 하라. 산은 낮추고 골짜기는 채워라. 그가 나아올 수 있도록 광야에 길을 내고 그가 마실 수 있도록 생명의 물을 값없이 주어라.

그가 나아오게 하라! 이 얼마나 귀한 명령입니까! 이 말씀 안에는 그분의 전능함이 담겨 있습니다. 하나님께서 〈빛이 있어라〉라고 말씀하시니 빛이 생겼습니다. (창 1:3)

그런 하나님께서 〈저 목마른 자를 나아오게 하라〉라고 말씀하시면 그는 반드시 나아올 것입니다. 반드시 기꺼이 나아오게 됩니다. 또, 〈성령님과 신부가 말하기를 누구든 듣는 자는 오고 목마른 자도 오게 하며, 원하는 자는 값없이 생명의 물을 마시게 하라〉(계 22:17)라고 하십니다. 죄인이여, 하나님은 〈나아오라〉고 말씀하십니다. 여러분이 나아가려는 것을 가로막는 장애물이 있습니까? 하나님은 모든 장애물에게 여러분이 나아오는 길에서 비키라고 명하십니다. 여러분도 주님께 나아오겠습니까?

죽은 자가 살아 돌아와도

인간은 대부분 자신을 안 좋게 생각하는 것은 꺼리면서 죄에 대해 변명을 늘어놓는 것은 매우 잘합니다. 그들은 〈만일 우리가 더 좋은 시대에 살았더라면 지금보다 더 나은 사람이 되었을 것이다. 만일 우리에게 좋은 모범이 될 만한 사람이 있었다면 지금보다 더 거룩한 사람이 되었을 것이다. 만일 우리가 더 좋은 환경에서 살았다면 지금보다 더 옳은 일을 하며 지냈을 것이다〉라고 말합니다.

대부분 사람은 죄의 원인을 찾을 때 올바른 곳이 아니라 다른 곳에서 찾으려고 합니다. 그들은 자신의 본성이나 부패한 마음에서 죄의 원인을 찾으려 하지 않고 언제나 다른 것을 탓합니다. 어떤 사람은 자신이 처한 위치에서 잘못을 찾습니다. 그들은 〈만일 내가 가난하지 않고 부자로 태어났다면 부정직하지 않았을 것이다〉라고 말합니다.

또, 어떤 사람은 〈만일 내가 부자가 아니라 중산층 집안에서 태어났다면 지금처럼 탐욕과 교만의 유혹에 노출되지는 않았을 것이다. 하지만 지금의 나는 사회적 지위에 의해 강압적으로 해야만 하는 의무가 너무 많다〉라고 말합니다.

어떤 사람은 사회 전체를 탓하기도 합니다. 그들은 사회 구조가 전반적으로 잘못되었다고 말합니다. 정부와 국가와 사회의 모든 것이 썩어서 이 상태 그대로는 결코 선해질 수 없다고 합니다. 그래서 거룩해지기 위해서는 먼저 혁명을 일으켜 모든 것을 바꿔야 한다고 믿습니다!

한편으로는 많은 사람이 자기가 받은 교육을 문제로 삼습니다. 그들은 더 나은 부모에게 양육을 받았거나 더 나은 어린 시절을 보냈다면 지금처럼 되지는 않았을 것이라고 말합니다. 자신들이 지은 죄는 모두 부모의 탓으로 돌립니다.

또는 자신의 체질을 탓하는 사람도 있습니다. 그들은 이렇게 말합니다.

> 만일 내가 양호한 체질을 지니고 태어났다면 나는 선한 사람이 되었을 것이다! 하지만 나는 고집스러운 천성을 지녔기에 그것은 불가능하다. 사람은 저마다 다른 성격을 지녔으며 내 성격으로는 아무리 해도 경건해질 수 없다.

어떤 사람은 더 나아가 목회자를 탓하기도 합니다. 그들은 〈만일 목사가 더 열정적으로 설교했다면 나는 지금보다 더 나은 사람이 되었을 것이다. 내가 더 건전한 교리를 배우고 더욱 신실한 설교를 들을 수 있었다면 지금보다 더 나은 사람이 되었을 것이다〉라고 말합니다. 어떤 사람은 다른 기독교 신자를 탓하기도 합니다. 그들은 〈만일 교회가 위선자나 형식주의자 없이 한결같았다면 나는 변화되었을 것이다!〉라고 말합니다.

그런 사람들은 잘못된 말에 안장을 얹고 짐을 싣고 있는 것입니다. 그들은 다른 것이 아니라 바로 자신의 마음을 탓해야 합니다. 자신의 마음이 새롭게 되었다면 그들은 더 나은 사람이 되었을 것입니다. 마음이 새롭게 되지 않는다면 아무리 사회가 완벽하게 개혁되고 목사와 신학자들이 천사 같더라도 여러분은 결코 더 나은 사람이 되지 않을 것입니다. 오히려 변명 거리가 줄어든 탓에 여러분의 죗값은 그만큼 늘어나고 더 큰 파멸을 맞이하게 될 것입니다. 하지만 사람들은 언제나 환경이 달랐다면 자신도 달라졌을 것이라고 변명합니다. 만일 그들이 진리를 안다면 그들은 자신이 먼저 변화되어야 한다는 사실을 깨닫게 될 것입니다.

만일 어떤 설교자가 다른 세계에서 찾아와 설교를 한다면 우리는 자연스레 그가 천국에서 왔다고 생각할 것입니다. 부자와 나사로의 비유에서 부자는 가족에게 복음을 전하기 위해 지옥을 떠날 수 없었습니다. (눅 16:19~31) 〈잃은 자〉의 영혼은 이 땅을 방문할 수 없으며, 설사 방문할 수 있다고 하더라도 그들은 진리를 선포하거나 우리를 천국으로 인도할 수 없습니다. 지옥에 떨어진 영혼이 이 땅에 나타나는 것은 오히려 저주이며 해로움을 줄 뿐입니다. 그런 일이 일어날 것이라고 생각하기에는 무리가 있습니다. 그러므로 만일 다른 세계에서 설교자가 찾아온다면 그는 분명 천국에서 왔을 것입니다. 부자와 나사로 비유에 등장하는 나사로처럼 순결하고 완전하며 거룩한 모습으로 아브라함의 품에 안긴 자일 것입니다.

그런 사람이 이 땅에 내려왔다고 상상해보십시오. 오래전에 죽은 사람이 갑자기 관 뚜껑을 열고 무덤에서 나와 생명의 말씀을 전하는 모습을 생각해보십시오. 그의 설교를 들으러 몰려드는 인파가 얼마나 대단하겠습니까! 그 무리를 모두 수용할 만큼 충분히 넓은 장소가 과연 이 세상에 존재할까요? 얼마나 많은 취재진이 그의 천사 같은 살결과 두르고 있던 수의를 촬영하려고 몰려들겠습니까? 그 소식은 먼 나라에도 금세 퍼져 사람들은 배와 비행기를 타고 미지의 세계에서 돌아온 놀라운 설교자를 보기 위해 찾아올 것입니다. 사람들은 그의 말을 엄숙하게 경청할 것입니다! 그가 말하는 모든 말에 귀를 기울일 것입니다! 그의 말은 한마디도 놓치지 않고 기록되어 전 세계에 전파될 것입니다. 우리는 만일 그런 일이 생긴다면 수많은 사람이 회심할 것이라고 가정합니다. 마음이 굳은 죄인들이 회개하고 결단하며 선을 행할 것이라고 생각합니다.

하지만 실제로는 그렇지 않습니다! 설사 죽은 사람이 천국에서 살아 돌아와 복음을 전한다고 하더라도 위와 같은 일은 일어나지 않을 것입니다. 죽었다 다시 살아난 사람이 설교를 하더라도 죄인들은 다른 일반인이 설교를 할 때와 마찬가지로 여전히 회개하려 하지 않을 것입니다. 하나님은 원하기만 하신다면 언제든 죽은 자를 일으켜 복음을 전하도록 하실 수 있습니다. 하지만 죽음에서 부활한 자나 영화롭게 된 자가 전하는 복음이라고 해서 오늘날의 연약한 인간이 전하는 복음보다 더 큰 능력이 있는 것은 아닙니다.

> 그가 그에게 말하기를 〈그들이 모세와 선지자들에게 듣지 않는다면 비록 죽은 자 가운데서 살아난 사람이 전한다고 해도 설득되지 않을 것이다〉라고 했다. (눅 16:31)

만일 죽은 자 가운데서 살아난 사람의 증거가 복음을 전파하는 일에 더욱 효과적이었다면 하나님께서 진작에 그렇게 하시지 않았겠습니까? 죽은 자 가운데서 부활한 사람이 있다는 것은 의심할 여지없이 사실입니다. 성경에는 예수 그리스도의 능력으로 되살아난 사람들의 일화가 기록되어 있습니다. 또, 선지자를 통해 되살아난 사람도 있습니다. 하지만 그런 사실에도 불구하고 그들이 죽었을 때 무엇을 보았는지는 한 마디도 기록되어 있지 않습니다. 아, 나흘 동안 무덤에 누워있던 나사로는 과연 무엇을 알고 있었을까요! (요 11장) 나사로의 여동생이 그에게 무엇을 보았는지 물어보지 않았을까요? 그가 하나님의 불타는 보좌 앞에 섰는지, 그의 육신이 행한 일에 대해 심판을 받았는지, 그가 안식에 들어갔는지 물어보지 않았을까요? 하지만 그들이 물어봤다고 하더라도 그는 대답하지 않았습니다. 그가 대답했다면 그것은 역사에 기록되어 전해졌을 것이며 지금 우리도 그것을 알고 있었을 것입니다.

바울이 밤늦게까지 장시간 강론할 때 삼층 창문에서 졸다가 떨어져 죽은 유두고란 청년을 기억하십니까?(행 20:7~12) 그는 강론을 듣던 중 잠이 들어 떨어져 죽었습니다. 그러나 바울이 그를 붙잡고 기도하자 유두고는 생명을 되찾았습니다. 그런데 유두고는 죽음에서 되살아난 후에 일어나 사람들에게 설교하였습니까? 아닙니다. 그곳에 모인 사람 중에 누구도 그에게 질문하지 않았습니다. 바울은 그저 하던 설교를 계속하였고 사람들은 앉아서 바울의 말을 경청하였을 뿐입니다. 그들은 유두고가 무엇을 봤는지 조금도 신경쓰지 않았습니다. 왜냐하면 유두고는 이미 바울이 그들에게 말해준 것 외에 더 이상 이야기해줄 것이 없었기 때문입니다. 하나님의 능력으로 죽음의 그림자에서 벗어나 되돌아온 사람 중에서 어느 누구도 우리에게 알려지지 않은 비밀이나 신비를 전해준 사람은 없습니다.

아무리 죽은 사람이 살아나 복음의 진리를 확증해준다고 해도 믿지 않는 사람은 지금과 마찬가지로 그것을 믿지 않을 것입니다. 신앙이 없는 비평가들은 성경의 증거를 부인합니다. 하지만 성경은 스스로 진리임을 명확하게 드러내기에 그들이 하는 일은 신성 모독이거나 어리석은 행위에 불과합니다. 그들은 성경의 진리를 부인하며 성경에 기록된 기적은 모두 거짓이라고 주장합니다.

이런 사람들을 죽은 자가 살아났다고 해서 믿도록 설득할 수 있을까요? 하나님의 피조물 전체를 과학의 손으로 이리저리 뒤집어봐도 오히려 성경의 계시가 진리라는 것만 증명되지 않았습니까? 파묻힌 도시들과 쇠퇴한 민족의 역사를 살펴봤을 때 성경에 기록된 역사가 사실이란 것이 밝혀지지 않았습니까? 성경에 언급된 지리를 살펴봤을 때 성경의 예언이 확증되지 않았습니까? 그런데도 불구하고 믿지 않는 사람들이 설사 죽은 사람이 무덤에서 살아 돌아온다고 해서 믿음이 생기겠습니까?

그렇지 않습니다. 하나님을 모욕하는 비평가들은 이미 그들의 희생자를 사냥하기 위해 무장을 갖추고 있습니다. 그들은 이렇게 말합니다.

> 당신이 진짜로 죽은 적이 있는지 의심스럽습니다. 당신은 죽음

에서 부활했다고 말하지만 저는 당신을 믿을 수 없습니다. 당신은 죽어서 천국에 갔었다고 주장하지만 저는 당신이 그저 무아지경에 빠졌던 것이라고 생각합니다. 당신이 죽었다는 증거로써 사망 기사를 가져와 보십시오.

증거로써 사망 기사를 가져오면 이렇게 말할 것입니다.

이제 당신이 무덤에 묻혔다는 증거를 가져오십시오.

무덤에 묻혔다는 증거로써 무덤을 파헤쳐 마른 뼈를 가져오면 이렇게 말할 것입니다.

좋습니다. 이제 당신이 그 무덤에 묻힌 사람과 동일인이란 것을 증명하십시오.

죽음에서 부활한 사람이 아무리 〈제가 바로 그 사람입니다. 저는 죽어서 천국에 갔었고 다시 살아서 돌아왔습니다〉라고 말하더라도 그는 이렇게 대답할 것입니다.

그것은 전혀 합리적이지 않습니다. 죽어서 매장된 사람이 다시 생명을 되찾는 것은 말도 안 되는 일입니다. 저는 당신을 전혀 믿을 수 없습니다.

이것이 사람들이 그에게 대답하는 방식입니다. 그들은 성경의 많은 기적을 부인하는 죄를 범할 뿐 아니라 또 다른 기적들도 부인하며 죄를 더합니다. 그러면서 믿음에는 조금도 가까이 다가가지 않습니다. 먼 곳에서 전해진 기적에 관한 소식을 들으면 믿지 않는 자들은 〈유치한 동화 같은 이야기이다. 우리는 상식이 있는 사람들이기 때문에 그것을 믿지 않는다〉라고 말할 것입니다.

심지어 기독교의 진리를 부인하는 불신자들의 눈앞에서 교회 묘지에 묻힌 모든 신자가 한번에 부활한다고 해도 그들을 믿게 하기에는 충분하지 않을 것입니다. 불신자들은 여전히 더 큰 증거를 요구할 것입니다. 마치 잠언 30장 15절에 언급된 거머리와 같습니다. 그들의 요구에 맞추어 증거를 보여주면 그들은 그 증거가 진짜인지 증명하라고 요구합니다. 아무리 정오의 태양빛처럼 명백한 증거를 제시하더라도 그들은 그것을 믿지 않을 것입니다. 사실상 그들은 믿기는 하지만 마치 믿지 않는 척하며 자신도 모르게 스스로 불신자가 되는 것입니다. 확실히 죽은 자가 살아서 돌아온다고 하더라도 그런 사람들을 신자로 만들기는 힘들 것입니다.

불신자 중에서 가장 많은 수를 차지하는 계층은 아무런 생각조차 하지 않는 사람들입니다. 이 나라에도 그저 먹고 마시며 여러 가지 일을 하지만 생각하는 일만큼은 전혀 하지 않는 사람이 매우 많습니다. 그들은 적어도 아침에 가게를 열고 밤에 닫는 것 정도는 생각합니다. 그리고 주식 시장이나 이자율, 상품 판매, 물가 등에 관해서도 생각합니다. 하지만 그들은 빵과 치즈에 대한 것 외에는 생각하려 하지 않습니다.

그들에게 예수님을 따르는 것은 매우 사소한 일에 불과합니다. 그들은 성경이 진리이며 기독교는 올바르다고 말은 하지만 실제로는 그것에 별로 관심이 없습니다. 그저 아기였을 때 세례를 받았다는 이유로 자신을 그리스도인이라고 간주합니다. 그들은 적어도 자신은 그리스도인이라 생각하지만 결코 진정한 기독교가 무엇인지 궁금해하지 않습니다. 가끔 교회에 출석하지만 그것이 그들에게 큰 의미가 있지는 않습니다. 목회자들이 서로 다른 의견으로 논쟁하여도 그들은 전혀 알지 못하고 그저 둘 다 맞다고 말합니다. 심지어 거의 모든 교리에서 멀리 벗어난 목사가 있어도 그들은 그것을 대수롭지 않게 여깁니다.

그들은 정상적이지 않은 신념으로 기독교를 가볍게 여깁니다.

〈전능하신 하나님은 성경에서 말하는 것을 가르치는 교회를 다니기만 하면 내가 무엇을 믿든지 상관하지 않으실 것이다〉라고 말하며 전혀 분별하려고 하지 않습니다. 그들에게 생각하는 것은 매우 힘든 일이어서 애써 수고하려 하지 않습니다. 설사 내일 당장 죽은 사람이 살아나 돌아온다고 하더라도 이 사람들은 전혀 놀라지 않을 것입니다. 그들은 마치 살아있는 해골을 보는 것처럼 호기심에 그를 한번 보러 갈 것입니다. 그리고 그에 관해 많은 이야기를 나누며 〈저기 죽음에서 살아난 사람이 있다!〉라고 말할 것입니다. 때때로 그가 한 설교를 듣고 읽기도 하지만 결코 그의 증거가 진실인지 거짓인지에 대해서는 고민하려 하지 않습니다.

그들은 자신의 방식이 너무도 굳건하여 다른 것을 생각할 여지가 없습니다. 만일 죽은 사람이 다시 살아서 그들의 집에 찾아온다고 하면 그들은 놀랍게 여길 것입니다. 하지만 살아 돌아온 사람이 하는 말은 그것이 아무리 진리라고 해도 그들의 굳은 머리와 감정을 움직이게 하지 못할 것입니다. 아무리 죽은 자가 살아 돌아와도 이들 중 대부분은 전혀 영향을 받지 않을 것입니다.

모세와 선지자들이 남긴 글로 인해 변화되지 않았다면 이 세상의 다른 어떤 수단을 사용하더라도 여러분을 은혜의 보좌 앞으로 나아가 그리스도인이 되게끔 할 수 없습니다. 그리스도인이 되기 위해서는 오직 성령 하나님께서 여러분에게 말씀으로 축복해주시는 수밖에 없습니다. 그렇지 않으면 양심이나 이성이나 강력한 호소나 설득이나 어떠한 것으로도 여러분을 깨어나게 할 수 없으며 그리스도께 나아가게 하지 못합니다. 오직 성령 하나님께서 하시지 않으면 어떤 것도 여러분을 깨어나게 할 수 없습니다.

자아의 성

이상하게도 구원받은 사람 중에 대부분은 이 세상에서 가장 구원받지 못할 것 같은 사람들인 반면, 멸망하는 사람 중에 대부분은 우리가 반드시 천국에서 볼 것이라고 예상했던 사람들입니다. 어떤 사람은 어린 시절에 항상 문제만 일으키며 자랍니다. 그의 어머니는 자식의 방황으로 인해 자주 눈물을 흘리며 근심했습니다. 억누를 수 없는 불과 같은 성격과 반항심 때문에 그녀는 〈아들아, 나중에 커서 무엇이 되려고 그러니? 너는 법과 질서를 어기고 네 아버지의 이름에 먹칠할 것이 분명해〉라고 말했습니다.

어린 시절 철부지였던 그는 어른이 되어 기적처럼 완전히 변하여 새사람이 되었습니다. 그는 마치 천사들이 타락한 마귀와 완전히 다른 것처럼 이제는 이전의 모습과 완전히 다른 사람이 되었습니다. 한때 불같은 성격을 지녔던 그는 이제 어린아이처럼 온유하고 겸손하며 하나님의 계명에 순종하는 사람이 되어 어머니의 마음을 기쁘게 했습니다.

참으로 경이로운 일이지 않습니까! 그런데 여기 다른 한 명의 사람이 있습니다. 그는 아름다운 아이이며 자주 예수님에 관해 이야기했습니다. 어머니가 그를 무릎에 앉혔을 때 그는 종종 천국에 관해 질문했습니다. 그는 어린 시절에 경건함의 모범을 보여주었습니다. 성장하면서 그는 설교를 들을 때마다 눈물을 흘렸습니다. 죽음에 관해 들을 때마다 탄식했습니다. 때때로 그의 어머니는 그가 홀로 기도하는 모습을 발견했습니다.

그러던 그가 성장하고 나서는 죄의 노예가 되어 부패하고 자포자기한 밑바닥 인생을 살게 됩니다. 그는 온갖 종류의 악행과 탐욕과 죄에 흠뻑 빠져 누구보다도 더욱 타락하고 맙니다. 한때 억눌려 있던 그의 악한 심령이 이제는 장성하여 마치 어린 시절에 여우와 놀던 것처럼 성인이 되어서는 사자와 노는 법을 배웠습니다.

이것은 매우 흔하게 일어나는 일입니다. 악하고 제멋대로인 사람이 어느 날 설교를 듣고 마음이 깨어져 하나님께 자비를 구하며 죄와 결별하는가 하면, 그의 옆에서 같은 설교를 듣고 있던 사람은 평소에 교회에 열심히 다니지만 눈물로 회개하기를 거부하는 경우도 있습니다. 그는 세상에서 소망도 없고 하나님도 없는 채 살아갑니다. (엡 2:12) 하나님은 세상에서 비천하고 거친 자들을 택하여 자기 백성으로 삼으셨습니다. 그래서 구원은 인간의 성향에 의한 것이 아니라 오직 여호와께 달려 있다는 것을 증명하십니다. (욘 2:9)

죄인에게 이 교리는 그들의 자존심을 박살 내는 거대한 공성병기와 같습니다. 예를 들어보겠습니다. 죄인의 본성은 마치 견고하고 무너뜨릴 수 없는 성과 같으며, 그는 그곳을 피난처로 삼고 있습니다. 그 성은 두 개의 해자와 높은 성벽으로 둘러싸여 있습니다. 그 뒤로는 깊은 지하와 성루가 있으며 죄인은 그곳에 들어가 숨어 있는 상태입니다. 죄인이 의지하는 성을 둘러싼 첫 번째 해자는 바로 그의 선행입니다. 그는 〈아, 나는 내 이웃들처럼 선하다. 언제나 빚을 제때 갚아왔다. 그러므로 나는 죄인이 아니다. 자선 단체에 약간의 기부도 했다. 나는 진실로 선하고 존경받을 만한 신사이다〉라고 말합니다.

그런데 하나님께서 그를 구원하시려고 역사하실 때는 그분의 군대를 보내어 첫 번째 해자를 건너게 하십니다. 해자를 건너면서 그들은 〈구원은 여호와께 달려 있다〉라고 외치고, 그러면 해자의 물은 모두 말라버립니다. 구원이 여호와께 달려 있는데 우리의 선행이 무슨 소용이 있겠습니까? 하지만 그 다음에는 두 번째 해자가 기다리고 있는데 그것은 바로 〈종교의식〉입니다.

죄인들은 〈저는 저 자신의 선행을 의지하지 않습니다. 하지만 저는 세례를 받았고 성찬식에도 참여합니다. 그것이 제가 의지하는 것입니다〉라고 말합니다. 그리고 하나님의 군사들은 다시 〈구원은 여호와께 달려 있다〉라고 외치며 전진합니다. 두 번째 해자의 물도 말라버리고 종교의식에 의존하는 것 역시 사라졌습니다.

이제 군사들은 첫 번째 강한 성벽까지 도달했습니다. 죄인은 성벽 너머로 내다보며 〈저는 회개할 수 있습니다. 저는 언제든 원하기만 하면 믿을 수 있습니다. 저는 회개하고 믿음으로써

저 자신을 구원할 수 있습니다〉라고 말합니다.

하나님의 군사들과 정죄의 군대가 이 벽을 부수어 넘어뜨리며 〈구원은 여호와께 달려 있다!〉라고 외칩니다. 여러분의 믿음과 회개는 모두 주님께서 여러분에게 주시는 것입니다. 그렇지 않으면 여러분은 결코 믿음이 생기거나 죄를 회개하지 않을 것입니다.

성은 이제 무너졌습니다. 그 죄인의 희망은 모두 사라졌으며 이제 그는 자신이 구원받지 못할 것이라고 느낍니다. 자아의 성은 정복되었고 〈구원은 여호와께 달려 있다〉라는 문구가 새겨진 커다란 깃발이 전장에 휘날립니다.

그렇게 전투는 끝이 났을까요? 그렇지 않습니다. 죄인은 성안에 있는 중앙탑까지 도망쳐 전략을 바꿉니다. 그는 〈나는 스스로 구원을 얻을 수 없다. 그러므로 나는 절망에 빠졌으며 나를 위한 구원은 없다〉라고 말합니다.

성안의 중앙탑은 외곽의 성벽보다 더욱 무너뜨리기 어렵습니다. 죄인은 그곳에 앉아 〈나는 구원받을 수 없다. 나는 반드시 멸망할 것이다〉라고 말합니다. 하지만 하나님은 군사들에게 그곳 역시 〈구원은 여호와께 달려있다〉라고 외치며 무너뜨리라고 명령하십니다. 구원은 인간에게 달린 것이 아니라 하나님께 달려있습니다. 비록 여러분은 스스로 구원을 얻을 수 없지만 하나님은 여러분을 온전히 구원하실 수 있습니다. (히 7:25)

하나님의 검은 두 가지 방식으로 작용합니다. 그것은 우리의 교만을 베어버리며, 또한 우리의 절망을 베어버립니다. 어떤 사람이 〈나는 스스로 구원을 얻을 수 있다〉라고 말한다면 하나님의 검은 즉시 그의 교만을 베어버릴 것입니다. 어떤 사람이 〈나는 결코 구원받을 수 없다〉라고 말하면 하나님의 검은 그의 절망을 베어 넘어뜨리며 구원이 여호와께 달려 있다는 것을 깨닫게 하시고 그에게 구원의 확신을 줄 것입니다.

구원이 하나님께 달려 있다는 진리의 반대는 무엇입니까? 바로 영벌은 인간에게 달려 있다는 것입니다. 여러분이 멸망하게 된다면 그 책임은 하나님께 달린 것이 아닙니다. 여러분이 잃은 자가 되어 버려진다면 그 비난과 양심의 찔림은 모두 여러분 자신이 지게 될 것입니다. 영원히 지옥에서 〈나는 스스로를 파괴했다. 나는 내 영혼을 살해했다. 나는 자신을 망친 주범이며 결코 하나님을 탓할 수 없다〉라고 반성할 것입니다. 기억하십시오. 여러분이 구원을 받게 된다면 그것은 오직 하나님에 의해서 구원을 받는 것입니다. 반대로 여러분이 영벌을 받게 된다면 그것은 오직 여러분 자신의 죄로 인한 것입니다.

이스라엘 족속아, 너희는 악한 길에서 돌아서라. (겔 33:11)

두 가지 선택지에서 주저함

엘리야 이전의 사람들은 대부분 여호와도 하나님이지만 바알 역시 하나님이라고 생각했습니다. 이런 이유로 여호와와 바알을 동시에 섬기는 일이 매우 당연하게 여겨졌습니다. 대다수는 그들의 조상이 섬기던 하나님을 완전히 거절하지도 않았지만 바알에게 절하는 것 역시 완전히 거부하지 않았습니다. 여러 신을 믿는 다신교처럼 그들은 하나님과 바알을 동시에 섬길 수 있다고 생각했으며 그들의 마음에 두 신을 두어도 된다고 여겼습니다.

하지만 엘리야 선지자는 그렇지 않다고 말합니다. 그는 〈여호와와 바알은 완전히 다르며 둘을 함께 섬길 수 없다. 둘은 서로 반대되기에 함께 엮을 수 없다. 둘을 하나로 엮으려는 시도는 그저 둘 사이에 서서 주저하는 것에 불과하다〉라고 합니다.

그러자 사람들은 그에게 〈저는 저의 집에 여호와를 위한 제단과 바알을 위한 제단을 세우고 둘 다 저의 하나님으로 섬길 것입니다〉라고 대답합니다.

엘리야는 〈아니다. 그렇게 할 수 없다. 여호와와 바알은 완전히 다르며 서로 연합할 수 없다〉라고 말합니다.

그러자 많은 사람이 〈저는 세속적이지만 동시에 종교적이기도 합니다. 저는 일요일에 하나님을 예배하러 갈 수 있습니다. 그리고 다른 날에는 경마를 즐기러 갈 수 있습니다. 저는 한편으로는 저의 정욕을 만족시키기 위한 장소에 가서 모든 유흥을 즐깁니다. 그와 동시에 저는 매우 신실하게 기도를 합니다. 훌륭한 그리스도인이면서 동시에 세속적인 사람이 되는 것이 불가능한 일입니까? 토끼를 쫓으면서 동시에 사냥개와 함께 달릴 수 있지 않습니까? 마귀를 섬기면서 하나님을 사랑할 수 없습니까? 제 마음을 양쪽에게 모두 주면서 두 가지 즐거움을 만끽할 수는 없습니까?〉라고 대답합니다.

하지만 그럴 수 없습니다. 하나님과 마귀는 완전히 구별되어 둘을 함께 섬길 수 없습니다.

마르쿠스 안토니우스는 자신의 마차에 두 마리 사자를 매달아 끌게 했지만, 유대 민족의 사자와 지옥의 사자는 어느 누구도 함께 엮을 수 없습니다. 그들은 결코 함께할 수 없습니다. 정치적인 문제에 관해서는 두 가지 의견을 동시에 지닐 수도 있지만, 여러분의 영혼과 기독교에 관해서는 두 가지 의견을 동시에 지닐 수 없습니다. 하나님께서 여러분의 하나님이라면 그분을 온전히 섬기십시오. 하지만 세상이 여러분의 하나님이라면 그것을 섬기고 더는 그리스도인이라 주장하지 마십시오.

세상의 것이 가장 좋다고 생각한다면 그것을 섬기십시오. 그것에 헌신하고 양심을 근심케 하고 죄에 뛰어드십시오. 하지만 여호와께서 여러분의 하나님이라면 여러분은 바알을 동시에 섬길 수 없다는 사실을 잊지 마십시오. 여러분은 둘 중 하나를 선택해야만 합니다. 누구도 두 주인을 함께 섬길 수 없습니다. (마 6:24) 여러분이 하나님을 섬긴다면 그분이 여러분의 주인입니다. 여러분이 마귀를 섬긴다면 그가 여러분의 주인이 될 것이며 여러분은 결코 두 주인을 함께 섬길 수 없습니다.

그 둘이 하나가 될 수 없다는 것을 깨닫고 슬기롭게 대처하십시오. 많은 존경받는 남성이 사업을 할 때는 탐욕스럽게 행하고 가난한 자를 착취하지만 그러면서 여전히 자신을 성도라고 생각합니다. 그는 하나님과 사람들에게 거짓말을 하는 것입니다! 그는 성도가 아니며 죄인의 우두머리일 뿐입니다.

많은 훌륭한 여성이 교회에 출석하며 하나님의 백성과 교제하면서 자신은 택함 받은 자라고 생각합니다. 하지만 그녀의 마음에는 분노와 신랄함이 가득합니다. 그녀는 죄와 괴롭힘과 험담과 비방과 참견의 노예입니다. 그녀는 다른 사람의 집을 방문해 그녀가 만나는 사람들의 마음에서 위로가 되는 것들을 모두 끄집어냅니다. 그녀는 마귀의 종이면서도 동시에 자신이 하나님의 종이라고 믿고 있습니다! 하지만 그렇지 않습니다. 하나님과 마귀는 동시에 섬길 수 없습니다. 당신이 지금 섬기고 있는 자가 바로 당신의 주인입니다. 만일 여러분이 그리스도인이 되겠다고 고백했다면 온전히 헌신하십시오. 만일 여러분이 그리스도인이 아니라면 성도인 것처럼 행세하지 마십시오. 여러분이 세상을 사랑한다면 가면과 위선을 모두 벗어 던지고 그저 그것을 사랑하십시오.

두 마음을 품은 사람이야말로 모든 사람 중에서 가장 비열한 자입니다. 그는 로마 신화에 등장하는 두 얼굴을 가진 야누스 Janus와 같은 사람입니다. 그는 한쪽 눈으로는 소위 기독교계라 불리는 곳을 보며 즐거워하고 여러 기독교 단체에 기부를 합니다. 하지만 다른 쪽 눈으로는 카지노와 술집과 유흥 업소를 보며 즐거워합니다. 그런 사람은 항간에서 가장 부패했다고 여겨지는 사람들보다 더욱 나쁩니다. 겉으로는 좋은 사람처럼 보일지 몰라도 실제로는 자신이 입으로 고백한 것을 관철할 만큼 충분히 정직하지 않기에 더욱 나쁘다고 할 수 있습니다.

〈톰 아저씨의 오두막〉에 등장하는 노예 사냥꾼 톰 로커는 다음과 같은 말로 신앙 고백을 한 노예 상인 헤일리의 입을 다물게 했습니다.

> 나는 당신이 하는 대부분 이야기는 견딜 수 있지만 당신이 경건한 척하는 이야기는 도저히 참을 수가 없소. 그것은 나를 몹시 화나게 만들기 때문이오. 결국 당신과 내가 무슨 차이가 있단 말이오? 당신의 행위가 조금 더 낫다고 생각하오? 그것은 악마를 속여서 간신히 위기를 모면하려는 더럽고 비열한 짓에 불과하오. 내 말이 틀렸소? 그런데 당신이 계속 경건한 척하는 것은

나를 너무 짜증나게 하오. 일평생 악마에게 빌붙어 살다가 죗값을 지불할 때가 되니 은근슬쩍 빠져나가려 하는 것이오.

지금 영국의 런던에서는 이와 똑같은 일이 매일 반복해서 일어납니다! 모든 곳에서 사람들은 두 주인을 동시에 섬기려고 노력하지만 그것은 불가능한 일입니다. 하나님과 탐욕은 함께 할 수 없습니다. 그리스도와 벨리알은 함께 할 수 없습니다. 이 둘 사이에는 결코 협력이나 연합이 있을 수 없습니다.

여러분은 어째서 그것을 원합니까? 엘리야는 두 가지 선택지에서 하나를 택하라고 합니다. 그는 이스라엘 백성이 여호와와 바알을 둘 다 섬기도록 허용하지 않았습니다.

> 엘리야가 모든 백성에게 나아가 말하기를 〈너희는 언제까지 둘 사이에서 멈추어 있을 것이냐? 여호와께서 참 하나님이시라면 그분을 따르고 바알이 참 신이라면 그를 따르라〉라고 하였다. 그러자 백성이 그에게 한마디도 대답하지 않았다. (왕상 18:21)

그날은 수많은 이스라엘 군중이 갈멜 산기슭에 모여 여호와의 선지자 한 사람과 거짓 신의 제사장 사백오십 명이 대결을 펼쳤던 기념비적인 날이었습니다. 우리는 그 장면을 호기심을 가지고 역사의 눈을 통해 흥미 위주로 바라볼 수도 있습니다. 하지만 그렇게 하는 대신 그 사건의 가르침을 통해 우리 삶을 개선할 방법은 없는지 주의 깊게 바라보아야 할 것입니다.

그곳 갈멜 산기슭에는 세 가지 부류의 사람이 있었습니다. 우선 여호와께 온전히 헌신하는 단 한 명의 선지자가 있었습니다. 그리고 반대편에는 사악한 바알을 섬기는 사백오십 명의 제사장이 있었습니다. 그런데 그곳에 모인 사람 중 대다수는 세 번째 그룹에 속해 있었습니다. 그들은 그들의 조상이 섬기던 여호와 하나님을 섬길지 아니면 이세벨이 섬기는 바알을 섬길지 확실하게 결심하지 못한 자들이었습니다.

한편으로는 오랜 전통에 따라 여호와를 두려워했지만, 다른 한편으로는 자신들의 지도자를 기쁘게 하기 위해 바알 앞에 절했습니다. 그러므로 그들 중 많은 이가 남들이 보지 않는 곳에서는 소극적으로 여호와를 섬겼으며, 공적인 자리에서는 바알을 섬겼습니다. 그 시대의 모든 사람이 두 가지 선택지에서 방황하며 머뭇거리고 있었습니다.

엘리야는 바알의 제사장들에게 설교를 한 것이 아닙니다. 그들에게는 나중에 따로 끔찍한 피의 형벌을 선포할 참이었습니다

다. 또한 엘리야는 여호와를 섬기기로 헌신한 사람들에게 설교한 것도 아니었습니다. 왜냐하면 그곳에는 엘리야 외에 여호와께 헌신한 사람이 아무도 없었기 때문입니다. 그의 설교는 다름 아닌 두 가지 선택지에서 망설이던 사람들을 향한 것이었습니다. 그런 부류의 사람들에게 엘리야는 이렇게 말합니다.

여호와께서 참 하나님이시면 그분을 따르라. 너희가 믿는다고 주장하는 것과 너희의 행동이 일치되도록 하라. 여호와께서 참 하나님이시라고 믿는다면 그것이 너희 일상생활에서 드러나도록 하라. 거룩하고 늘 기도하고 그리스도를 신뢰하며 신실하고 올바르고 사랑이 넘치게 살아라. 하나님께 온 마음을 드리고 그분을 따르라. 만일 바알이 참 신이라면 그를 따르고 더 이상 이스라엘의 하나님을 따르는 척하지 마라.

여러분의 행실이 여러분의 믿음을 뒷받침하도록 사십시오. 만일 여러분이 진실로 이 세상의 어리석은 것들을 최고라고 생각한다면 그것을 따라 사십시오. 화려하고 쾌락과 즐거움을 추구하며 사는 것이 가장 바람직하다고 믿는다면 그렇게 하십시오. 쾌락을 추구하는 자들의 결말이 좋을 것이라고 생각한다면 그들의 방식대로 따라가십시오. 사업을 할 때 속임수를 쓰는 것이 정당하다고 생각한다면 여러분 문 앞에 〈저는 이곳에서 부정직한 상품을 판매합니다〉라고 적어 놓으십시오.

사람들을 속이지 마십시오. 여러분이 자신을 진짜 그리스도인으로 여긴다면 여러분의 신앙 고백을 온전히 지키십시오. 반대로 여러분을 세상에 속한 사람이라고 여긴다면 세상의 길을 따라가십시오. 여러분이 말하는 것과 행하는 것이 일치되도록 사십시오. 여러분의 신념이 무엇이든 그것이 삶으로 드러나도록 사십시오. 그런데 여러분은 그렇게 하지 않습니다. 왜냐하면 여러분은 다른 사람들처럼 하나님 앞에서 대놓고 죄를 짓기에는 너무 겁이 많기 때문입니다. 그래서 여러분의 양심이 그렇게 하도록 허락하지 않는 것입니다.

언제까지 두 가지 선택지에서 머뭇거릴 것입니까? 중년인 사람은 젊은 시절에 〈나는 직업을 가지고 일을 시작하면 예수님을 따를 것이다. 젊었을 때 우리의 들판에 씨를 뿌리고 그다음에 부지런히 주님을 섬길 것이다〉라고 말했습니다. 이제 중년이 되었지만 여러분은 새로운 집을 사고 은퇴할 때가 되면 하나님을 섬길 것이라고 생각합니다. 하지만 여러분은 일을 시작할 때도 그렇게 말했으며 사업이 성장해갈 때도 그렇게 말했습니다. 그러므로 저는 여러분에게 〈언제까지 두 가지 선택지에서 머뭇거릴 것입니까?〉라고 말하는 것입니다. 도대체 얼마나 더 많은 시간이 필요합니까?

젊은이여, 여러분이 어린아이이던 시절, 어머니가 여러분을 위해 기도하던 그 시절에는 〈나는 어른이 되면 하나님을 따를 것이다〉라고 고백했습니다. 그런데 시간이 흘러 성인이 되었지만 여러분은 여전히 머뭇거리고 있습니다. 언제까지 두 가지 선택지에서 머뭇거릴 것입니까?

여러분은 대부분 오랫동안 교회에 출석했습니다. 성령님께서는 여러분의 양심을 여러 번 괴롭게 하셨습니다. 그럴 때마다 여러분은 눈물을 흘리며 〈저는 전심을 다해 하나님을 따르겠습니다〉라고 고백했습니다.

하지만 여러분은 여전히 예전의 모습 그대로입니다. 얼마나 더 많은 설교가 필요합니까? 얼마나 더 많은 주일이 소모되어야 합니까? 얼마나 더 많은 경고와 아픔이 필요합니까? 여러분이 반드시 죽을 것이라는 경고의 종이 얼마나 더 많이 울려야 하겠습니까? 얼마나 많은 여러분의 가족이 땅에 묻혀야 경각심을 느끼겠습니까? 얼마나 많은 질병과 역병이 도시를 휩쓸어야 하나님의 진리로 돌이키겠습니까? 언제까지 두 가지 선택지에서 머뭇거릴 것입니까? 저는 여러분이 〈다음 기회에 회개할 것이다〉라고 말하면서 시간을 질질 끌지 말고 즉시 이 질문들에 대답하게 되도록 기도합니다.

여러분은 〈특정한 때가 되면 그때 하나님께 돌아가겠다〉라고 말합니다. 하지만 이것은 의미 없는 일입니다. 여러분이 때가 되어간다고 생각하기도 전에 이미 여러분의 모래시계는 바닥 날 것이기 때문입니다. 여러분이 회개하고 하나님께 돌아가려고 생각할 때 이미 여러분은 영원한 세계에 있는 자신을 발견하게 될지도 모릅니다.

엘리야는 〈여호와께서 참 하나님이시라면 그분을 따르고 바알이 참 신이라면 그를 따르라〉(왕상 18:21)라고 외칩니다. 그렇게 함으로써 그는 자신의 실제적인 주장의 핵심 내용을 전달합니다. 곧, 여러분의 믿음과 행실이 일치되게 하라는 것입니다.

그런데 사람들은 또한 다음과 같이 반대 의견을 내놓습니다.

> 선지자여, 당신은 우리가 믿는 것의 실제적인 증거를 요구합니다. 당신은 〈하나님을 따르라〉고 말합니다. 하지만 만일 우리

가 하나님을 하나님으로서 믿는다고 해도 그분께서 우리의 믿음에 대해 무슨 권리가 있는지 모르겠습니다.

엘리야는 이에 대해 〈여호와께서 참 하나님이시라면 그분을 따르라. 내가 너희에게 하나님에 대한 믿음에 맞는 행실을 보이라고 요구하는 것은 그분께서 참 하나님이시기 때문이다! 하나님은 너희에게 피조물에 걸맞도록 헌신적인 순종을 요구하신다〉라고 대답합니다.

어떤 사람은 〈제가 온전히 하나님을 섬기면 무슨 유익을 얻습니까? 제가 더욱 행복해집니까? 이 세상에서 더 잘살게 됩니까? 마음이 더욱 평온해집니까?〉라고 묻습니다.

그렇지 않습니다. 그런 것은 부차적일 뿐입니다. 여러분이 고려해야 할 것은 오직 〈여호와께서 참 하나님이시라면 그분을 따르라〉는 것입니다. 여러분에게 이득이 되기 때문이 아니라 단지 여호와께서 하나님이시기 때문에 그분을 따르라는 것입니다. 세속적인 종교인은 기독교가 이 세상과 장차 임할 세상을 위해 가장 좋다는 이유로 기독교를 옹호할 것입니다. 하지만 엘리야는 그렇지 않았습니다. 그는 이렇게 말합니다.

나는 추론에 근거한 것이 아니다. 너희가 하나님을 믿는다면 단지 그분께서 하나님이시란 이유만으로 그분을 섬기고 따르는 것이 너희의 의무이다. 그것이 너희에게 유익이 되기 때문이 아니다. 물론 유익이 되는 것은 사실이나 그것이 중요한 것이 아니다. 너희가 정말로 그분을 참 하나님이라고 믿는다면 너희는 그분을 따르라. 만일 여호와가 참 하나님이 아니고 마귀가 진정한 신이라고 생각한다면 너희는 그를 따르라. 그의 거짓된 신성이 너희를 기쁘게 한다면 너희는 일괄되게 그를 따르라. 하지만 여호와께서 참 하나님이고 너희를 창조하신 분이라고 생각한다면 너희는 그분을 섬겨라. 여호와께서 너희 코에 숨을 불어넣으신 분이라고 생각한다면 너희는 그분께 순종하라. 하나님께서 진정으로 경배를 받아 마땅한 분이라고 생각한다면 너희는 그분을 따르라. 하지만 그렇지 않다고 생각한다면 차라리 그가 하나님이심을 부인하라.

언제까지 두 가지 선택지 사이에서 머뭇거릴 것입니까? 하나님께서 불로 응답하실 때까지 망설이실 것입니까? 갈멜 산기슭에 모인 사람들은 불을 원했던 것이 아니었습니다. 하지만 엘리야는 〈불로 응답하는 신이 참 하나님이시다〉(왕상 18:24)라고 선포했습니다.

어쩌면 그들 중 일부는 〈아닙니다. 물로 응답하는 신을 참 하나님이라 합시다. 우리는 비를 간절히 원합니다〉라고 말했을지도 모릅니다. 하지만 엘리야는 그 말에 〈아니다. 만일 비가 내리면 너희는 그것을 그저 평범한 자연 현상이라 여기며 여전히 마음을 정하지 못할 것이다〉라고 대답했을 것입니다.

하지만 저는 하나님께서 보내신 어떠한 것도 마음을 정하지 못한 사람을 결심하게 만들지 못할 것이라고 생각합니다. 하나님께서는 그분의 돌봄과 영향과 개입으로 여러분의 삶을 가득 채우십니다. 또한 여러분 주변 사람의 임종을 통해 자주 경고하십니다. 하지만 이런 것들이 여러분으로 하여금 마음을 정하게 하지는 못할 것입니다.

여러분의 마음을 정하게 하는 것은 비를 내리시는 하나님이 아니라 불을 내리시는 하나님입니다. 아직 마음을 정하지 못한 사람을 앞으로 결심하게 만들 방법은 두 가지 있습니다. 하나님을 따르기로 마음을 정한 사람은 더 이상 결심할 필요가 없습니다. 사탄을 따르기로 마음을 정한 사람도 더 이상 결심할 필요가 없습니다. 그들은 영원한 불 속에 던져질 것입니다. 그러나 아직 마음을 정하지 못한 사람은 장차 성령의 불을 통해 결심하게 되든지 아니면 영원한 심판의 불을 통해 결심하게 될 것입니다.

> 응답하소서, 여호와여, 제게 응답하소서. 이 백성으로 하여금 주께서 여호와 하나님이시며 주께서 저들의 마음을 다시 주께로 돌이키실 것을 알게 하소서. (왕상 18:37)